L'EUROPE ET LA RUSSIE

DU MÊME AUTEUR :

• *Manifeste pour le salut de la vraie Droite*, Éditions Vincent Reynouard, 2002 (en collaboration avec Vincent REYNOUARD).

• *L'Universalité du danger gnostique, vrai ou faux ?*, Éditions Vincent Reynouard, 2004.

• *Réflexions sur le nationalisme : En relisant 'Doctrines du nationalisme' de Jacques Ploncard d'Assac*, Samizdat Publications, 2005/Reconquista Press, 2019 (enrichi d'une préface d'Yvan BENEDETTI).

• *Antidote : Pour une pensée libérée de la tyrannie judéo-maçonnique* (préface de Jérôme BOURBON), Reconquista Press, 2018.

• *Abécédaire mal-pensant : Manuel de combat du traditionalisme révolutionnaire*, Reconquista Press, 2019.

• *Une réponse nationaliste au mondialisme : Doctrine élémentaire du bien commun*, Reconquista Press, 2020.

• *Idées portraiturées et fantaisies quodlibétales*, Éditions Chrysalide, 2023.

• *Citations choisies et fantaisies quodlibétales*, Éditions Chrysalide, 2023.

• *Doctrine du Fascisme Catholique, en abrégé*, Éditions Chrysalide, 2023.

signés Joseph MÉREL :

• *Fascisme et Monarchie : Essai de conciliation du point de vue catholique*, (préface de Claude ROUSSEAU), Éditions Vincent Reynouard, 2001/Reconquista Press, 2018.

• *Nihilisme, subjectivisme et décadence* (2 tomes), Samizdat, 2009.

• *Présentation de l'institut Charlemagne sous le patronage de l'archange saint Michel*, Éditions Dominique Martin Morin, 2016.

• *Pour une contre-révolution révolutionnaire*, Reconquista Press, 2017.

• *Désir de Dieu et organicité politique*, Reconquista Press, 2019.

• *Paganisme versus catholicisme : Le conflit non surmonté du nationalisme*, Reconquista Press, 2020.

• *Comme un agneau muet…*, Reconquista Press, 2021.

• *Pour un fascisme du jour d'après*, Éditions Chrysalide, 2022.

• *L'Essence de Dieu est-elle seulement d'exister ?*, Éditions Chrysalide, 2022.

Collaboration aux ouvrages :

• *Serviam : La Pensée politique d'Adrien Arcand* (Anthologie), Reconquista Press, 2017. (Essai)

• MISCIATTELLI (Piero), *Le Fascisme et les Catholiques*, Reconquista Press, 2018. (Postface)

Sous le pseudonyme de STEPINAC :

• *De quelques problèmes politico-religieux contemporains*, Samizdat, 2011.

• *Du problème du rapport entre nature et grâce dans le thomisme et le néo-thomisme, et de ses enjeux politiques contemporains*, Samizdat, 2011.

• *Éléments de philosophie politique* (préface de Claude ROUSSEAU), Éditions Franques, 2013.

• *Politique et Religion, Immanence et Transcendance : Amour difficile et mariage de raison*, Reconquista Press, 2021.

Jean-Jacques STORMAY

L'Europe et la Russie

Tiré à part du chapitre 9 de
Doctrine du fascisme catholique, en abrégé.
et de l'article POUTINE de
L'Abécédaire Mal-Pensant.

Éditions Chrysalide

©juillet 2023 Éditions Chrysalide
ISBN : 978-2-9581793-9-7

CHAPITRE I

Reproduction du chapitre 9
de *Doctrine du fascisme catholique*, Editions Chrysalide, 2023.

L'Europe et la Russie.

§ **42. 1.** La guerre en Ukraine qui se déroule actuellement, et en laquelle d'aucuns discernent le début de la Troisième guerre mondiale, invite inévitablement les nations occidentales à prendre parti : celui des intérêts de l'Ukraine antirusse, celui de la Russie, ou celui de la neutralité. Un tel choix suppose la maîtrise d'informations, et la possession des talents d'homme politique et de stratège dont nous ne disposons pas. Contentons-nous ici de proposer quelques éléments de réflexion, sans trancher de manière assurée, en sachant cependant que vient souvent un jour où l'homme moyen est contraint lui aussi de se déterminer dans le doute et l'expectative, quand les grandes affaires du monde en viennent à le mobiliser plus ou moins directement. Il doit choisir, sans la ressource de se réfugier dans l'indifférence ou l'attentisme, et il est souvent imprudent d'être trop prudent. Mais un tel choix se fait dans l'incertitude, se sait révisable, ne relève pas de la seule raison déductive. Au mieux peut-on ici énoncer quelques principes d'action solidaires des résultats théoriques que nous avons obtenus.

§ **42. 2.** D'abord, nous devons viser le bien commun de l'Europe. La France n'est pas une monade surnaturellement élue qui planerait au-dessus des nations, elle est une manière particulière d'être européen, et sa particularité est son aptitude à bien juger en toute chose, ce en quoi l'on reconnaît la « sapience », l'art de bien « goûter », tant il est vrai que les êtres

se hiérarchisent d'abord par le degré de leur aptitude à se délecter de biens élevés. La configuration spirituelle qui fait la France lui donne d'être en quelque sorte le lieu en lequel s'exerce la conscience de soi du bien commun de l'Europe, conscience de soi qui est requise pour que chaque manière particulière d'être européen accède à la conscience d'elle-même ; c'est donc selon l'esprit français, par son office et dans son miroir, que chaque nation européenne se réfléchit et se connaît vraiment elle-même, et c'est cela qui rend irremplaçable le rôle de la France. La France est ce lieu physique et spirituel en lequel se réfractent et se synthétisent tous les aspects du génie indo-européen. Mais qu'elle soit le lieu et l'opérateur de la conscience de soi de tous et de chacun ne fait pas d'elle le suzerain temporel de tous. Son magistère doit être culturel, et elle ne doit être physiquement forte (économiquement et militairement) qu'en vue de ce magistère spirituel ; c'est ainsi que, raison gardant, elle conserve et préserve son identité vraie. Si elle doit, pour remplir son insubstituable fonction, servir le bien commun de l'Europe dont elle est une particularisation (comme le sont les autres nations d'Europe), elle ne saurait donc, pour se soustraire à ce qu'elle tient pour des conditions injustes et dégradantes d'existence à elle imposées de l'extérieur, en appeler à l'aide d'ennemis de l'Europe, ce que fit pourtant François Ier en lutte contre Charles-Quint, qui, non seulement appuya les Protestants pour des raisons politiques (alors que le Politique est en droit subordonné aux intérêts de l'unique vraie religion), mais encore sollicita l'aide de l'Infidèle dans sa lutte contre le Saint-Empire, puissance hispano-germanique non seulement purement européenne mais encore pleinement catholique. Appeler à son aide l'ennemi extérieur, ainsi trahir le bien commun de l'Europe, c'est aussi ce à quoi invita un Jacques Bainville, porte-parole de l'Action française :

« L'heure était venue pour la France, sous le couvert du Traité de Versailles, de prendre possession de territoires allemands. A la fin de 1922, la Commission des Réparations constata que, dans le courant de l'année, l'Allemagne n'avait pas livré suffisamment de bois et de poteaux télégraphiques. L'Allemagne offrit de payer en espèces la valeur des marchandises qui n'avaient pas été livrées à la suite de difficultés administratives. A Paris, ni l'Angleterre, ni l'Italie ne voulaient s'associer au désir de la France de prendre des sanctions. Rien n'y fit. La France en tout cas voulait détenir encore plus de 'gages productifs'. Mais la véritable raison fut peut-être donnée par **Jacques Bainville** lorsque, très sincèrement, il écrivit dans *La Liberté* : **'Et si bien même nous amenions une désorganisation complète de l'Allemagne, en serait-ce plus mauvais ? Et comme nous avons plus à craindre une Allemagne organisée comme celle de 1914 qu'une Allemagne désorganisée comme celle de 1923, nous pourrons toujours nous dire que l'effondrement et l'impuissance de l'Allemagne, en nous préservant de l'invasion, valent pour nous des milliards'** » (Johannes Ohquist, o. c. pp. 36-37).

Soit : périssent l'Europe et la race blanche pourvu que soit écrasée cette nation qui empêche la France de se prendre pour le centre de l'univers et le sel de la Terre. La mort de l'Allemagne, moelle épinière de l'Europe, fut souhaitée par ces nationalistes français qui déifiaient la nation française et la déconnectaient de ses solidarités européennes, selon l'inspiration théologico-politique plus ou moins laïcisée du concept chimérique de « France peuple élu ».

§ **42. 3.** Les États-Unis d'Amérique ne peuvent pas, ne doivent pas être tenus pour une puissance européenne, quelque blanche (de moins en moins d'ailleurs) qu'elle soit ; l'entité états-unienne, c'est la trahison de l'Europe, la synthèse et la sédimentation de ses maladies, la projection concentrée de ses délires. Elle a en commun avec la France jacobine de cultiver l'universalisme abstrait des Droits de l'Homme, le projet prométhéen de reconstruire ex nihilo la société pour la rendre parfaite, la prétention d'incarner une Nouvelle Jérusalem au nom d'une élection divine. « Materialiter spectata », elle est européenne ; « formaliter spectata », elle est l'anti-Europe, la patrie du mondialisme, la nation du principe antinational.

§ **42. 4.** En droit, au tribunal des hiérarchies métaphysiques, c'est à l'Europe qu'il appartient d'être le centre du monde, d'une part parce que l'Europe est le siège de la vraie Chrétienté, ainsi du catholicisme, d'autre part parce que l'Indo-européen est le type d'homme en lequel se réalise et se pense le plus adéquatement la condition humaine elle-même, au point que c'est par les concepts élaborés par l'Europe que les autres nations accèdent à la conscience de leurs identités respectives : le concept de nation est lui-même un concept européen ; de plus, si la nature humaine est évidemment commune à tous les hommes qui, sous ce rapport, par-delà tout réductionnisme étroitement biologique, sont tous également hommes, la thématisation du rapport entre nature (humaine et universelle) et culture (particulière) est elle-même le fait de la culture occidentale qui peut à bon droit, de ce fait, se reconnaître une capacité d'universalité faisant de l'Occidental le héraut privilégié du genre humain. La philosophie est venue au jour en Grèce, son lieu d'élection est l'Europe, et elle est la conscience de soi de l'humanité dans l'homme.

§ **42. 5.** Les nations d'Europe sont nées, directement ou indirectement, de la décomposition de l'Empire romain, au terme de la mission historique de ce dernier. Certaines sont nées directement de sa décomposition, d'autres sont nées plus récemment du processus de pérennisation de l'Idée impériale romaine, qui s'exténua précisément dans la genèse de ces nations, mais qui joua toujours le rôle d'idéal de la réalité européenne coulée dans le mode de subsistance proprement national : le cycle logique de l'Histoire obéit à cette loi universelle qui veut que toute chose fasse retour à son principe ;

un tel cycle veut donc que les nations d'Europe soient nées de l'essoufflement de l'Empire romain, et qu'elles tendent à faire retour (telle est la signification de la genèse du royaume franc puis du Saint-Empire) à l'unité de ce dernier dans une forme nouvelle qui le transfigure en lui faisant assumer la diversité des nations qu'il a fait naître et qu'il intègre ; c'est au reste le sens même des conflits qui n'ont cessé d'opposer, pendant quinze siècles, les puissances européennes entre elles, chacune aspirant à se faire le principe de reconstitution de l'Empire fédérant les nations d'Europe.

§ **42. 6.** En vertu de ce qui précède (§§ 42. 2 à 42. 5), nous pouvons affirmer d'abord qu'il serait proprement insane de refuser la victoire à une Russie luttant contre l'hégémonie anglo-saxonne — c'est-à-dire mondialiste, maçonnique et juive — qui opprime l'Europe et agresse la Russie par la manipulation des dirigeants fantoches de l'Ukraine, sous le prétexte qu'il reviendrait à la France seule, en vertu de son « élection », de remettre de l'ordre dans ses propres affaires et dans les affaires du monde. Il est inutile de revenir sur les intentions mondialistes de l'État profond qui sévit aux États-Unis, sioniste, qui vassalise l'Union européenne et veut la guerre, et dont le projet est d'abattre la puissance européenne en la forçant à détruire les relations économiques entre Europe et Russie, pour contraindre l'Europe à se réduire au statut de client des États-Unis. Ces choses ont été amplement prouvées et dénoncées.

§ **42. 7.** Mais l'honnêteté oblige à faire observer que ce point de vue peut aussi être rétorqué, et qu'il ne convient peut-être pas de se laisser gagner avec trop de promptitude par une russophilie inconditionnelle, surtout lorsque l'on prend connaissance des propos suivants, de Mgr Williamson (*Kyrie Eleison* n° 810 du 12 février 2023) :

« *LA RUSSIE CONVERTITING ? Prions l'Immaculée, implorons tous Son Cœur, Pour que la Russie joue son rôle salvateur. La Russie est très présente dans l'actualité en raison de la guerre en Ukraine qui fait toujours rage en ce début d'année ; ce pays reçoit de nos vils médias une presse uniformément mauvaise. Sans doute, ceci est en partie mérité, car la Russie communiste (1917–1991) a effectivement, selon l'expression de Notre Dame de Fatima, « répand[u] ses erreurs dans le monde entier ». Cependant, cet énorme pays a certainement plus à offrir qu'il n'y paraît. Winston Churchill (1874–1965) était un brillant politicien, mais il était dépassé par la Russie, qu'il qualifiait de « rébus enveloppé de mystère au sein d'une énigme » (BBC, 1er octobre 1939). Au contraire, Notre-Dame de Fatima a demandé au pape et aux évêques catholiques de consacrer la Russie à son Cœur Immaculé, et alors « une période de paix sera donnée au monde. » Mais pourquoi la Russie ? Pourquoi pas des pays catholiques, comme l'Italie ou la France ?*

La clé de la Russie est certainement qu'il s'agit d'un peuple profondément religieux, connu après sa conversion au christianisme en 988, et pendant des siècles, comme la « Sainte Russie ». La capacité correspondante qu'elle avait pour exceller dans le bien, ou s'abîmer dans le mal, a pu dépasser un matérialiste moderne comme Churchill. Ainsi et de la même manière, les Russes ont appelé Moscou la « Troisième Rome », pour suggérer qu'elle succédait à Rome elle-même, et à la Constantinople byzantine : comme si Moscou avait un rôle central à jouer dans la christianisation du monde. Alexandre Douguine, russe célèbre qui a eu une influence sur le président Poutine, parle ouvertement de la guerre en Ukraine comme d'une bataille de la Russie pour empêcher le Nouvel Ordre Mondial de déchristianiser l'humanité. Poutine lui-même a souvent défendu les valeurs naturelles et chrétiennes contre les perversions immorales de l'Occident, tombé en pourriture ; il s'est ainsi taillé la figure d'un véritable homme d'État, au milieu des marionnettes qui se posent aujourd'hui en dirigeants des nations de l'Ouest. Il est déjà arrivé dans l'histoire que la Russie ait agi pour sauver l'Europe des démons du libéralisme. En 1812, Napoléon avait installé la Révolution française dans de nombreux pays d'Europe, et cette année-là, il rassembla une immense armée de 600 000 hommes pour envahir la Russie. Son ambition était de la faire entrer dans un nouvel ordre mondial déjà en gestation. On attribue généralement la défaite de Napoléon à l'hiver russe, mais ce sont les Russes qui, par leur patriotisme et leur courage à la bataille de Borodino, ont infligé un coup de massue à l'armée d'invasion. En 1814, le tsar Alexandre Ier était à Paris avec ses soldats pour faire la paix avec la France, et mettre en place la « Sainte Alliance » pour aider l'Europe à tenir la Révolution en échec. Même en 1941, Staline rouvrit des églises en Russie soviétique pour permettre à la religion et au patriotisme du peuple — et non à son communisme — de faire la plus grande et la plus dure partie du combat nécessaire pour écraser le nazisme, au bénéfice temporaire du monde entier. Le célèbre romancier russe Dostoïevski (1821–1881) met dans la bouche d'un personnage de son roman Les Démons ou Les Possédés (1871), une vision étonnante de la folie et de la conversion futures de la « Russie bien-aimée ». Le personnage est un vieux libéral niais, mais tandis que le délire et la mort se rapprochent de lui, il a des moments de pure perspicacité quant à l'avenir – il voit la Russie (comme l'homme de l'Évangile : Mc 5, 1–20), possédée par une légion de démons, puis libérée de tous, assis tranquillement aux pieds de Notre Seigneur.

Dostoïevski n'avait-il pas prévu que la Russie serait possédée par la folie du communisme, puis finalement libérée par la consécration maintenant proche au Cœur Immaculé de Marie ? (…) ».

§ **42. 8.** Avant de proposer quelques remarques sur le contenu de ce texte extravagant, notons ceci, comme observation symétrique de celle de notre § 42. 6.

Que la France subisse — pour des raisons qui d'ailleurs ne sont pas étrangères à ses errements passés et présents — l'insupportable tyrannie des Anglo-Saxons, ne l'habilite pas à s'appuyer, pour s'en émanciper, sur une puissance qui non seulement ne serait pas européenne, mais qui serait hostile à l'Europe. Ce n'est nullement l'idée que la France ait à reconnaître la suzeraineté d'une autre nation qui nous gêne, pourvu que cette suzeraineté soit exercée par des Européens et au profit du bien commun de l'Europe. Mais nous devons oser poser la question suivante : la Russie est-elle européenne ? Elle n'a jamais été ni ne sera jamais romaine. Vise-t-elle seulement une fin qui pourrait servir les intérêts de l'Europe ? Autorisons-nous donc à faire l'inventaire des raisons que l'on peut avoir de tempérer son enthousiasme à l'égard de Vladimir Poutine.

Qu'a-t-il besoin, d'abord, de développer une rhétorique stalinienne hitlérophobe pour justifier sa réaction contre l'agression de l'OTAN ? Il ne peut croire au « danger nazi », et il sait surtout que personne n'y croit et ne croit qu'il puisse le croire lui-même. Nous ne voyons pas d'autre explication, à ce recours rhétorique, que celle du souci de bien signifier au monde et à ses compatriotes que ses buts ne sont nullement ceux qui avaient été ceux d'Hitler, lequel entendait s'opposer de front à la tyrannie des Banques et au mondialisme ; il s'exprime comme s'il s'agissait de communier avec les maîtres actuels du monde dans la condamnation de tout ce qui s'oppose au Nouvel Ordre mondial ; il s'agit aussi, plus sûrement, de faire mémoire de la glorieuse Armée rouge, armée dite de libération du joug hitlérien alors que les Ukrainiens avaient accueilli les troupes allemandes en libératrices. A moins, certes, qu'il ne s'agisse que d'une ruse : viser ce que visait Hitler (mais au profit de la Russie aspirant à recouvrer son identité impériale) en feignant de s'opposer à la mémoire de ce dernier ; si l'hypothèse est recevable, la ruse est grosse et parfaitement inefficace, parce que son auteur est fort bien placé pour savoir combien il sera facile, quoi qu'il veuille faire croire, de le diaboliser en lui imputant des meurtres de masse imaginaires, ou quelque autre prétendu crime atroce relevant de l'indicible. Ce qui serait le plus à redouter, c'est que Poutine, sur ce point, fût sincère.

Avouons-le. Nous avons du mal à croire au salut de l'Europe par une Russie qui se veut orthodoxe — ainsi schismatique — et qui prétend, en tant que « Troisième Rome », être le successeur légitime tant de la Rome antique (concentrée à Byzance) que de la Rome catholique, que cette dernière soit ou non devenue moderniste. Il y a, nous le confessons, deux ou trois fausses notes, dans ces discours et comportements du chef russe, qui troublent la sérénité de l'enthousiasme « poutinomaniaque ».

D'abord, le message de Fatima ; si la Russie doit répandre ses erreurs sur le monde aussi longtemps qu'elle n'est pas consacrée, de quelles erreurs s'agit-il ? Ce ne peut être son refus de se soumettre à l'OTAN puisqu'il est par trop évident que l'OTAN est le bras armé du mondialisme substantiellement antichrétien ; mais qu'est-ce alors ? Faut-il croire que le communisme soviétique est vraiment mort ? Que signifie ce renouveau du culte de Lénine et de Staline en Russie ? Il est vrai que la chose exige d'être vérifiée, et que ce culte peut avoir de tout autres raisons qu'un reste de marxisme ou l'indice d'un projet marxiste qui serait toujours poursuivi ; mais enfin, la question mérite d'être posée, même si elle paraît stupide ou ridiculement naïve à l'aune de l'acribie de certains.

Ensuite, si vraiment la Russie était hostile au mondialisme et à l'hédonisme anglo-saxon, au consumérisme et au matérialisme, elle n'aurait pas appliqué chez elle (la remarque vaut pour la Chine), avec le zèle que l'on sait, les mesures socialement coercitives induites par la crise dite du Covid, crise sanitaire artificielle manifestement créée dans le cadre du projet « arc-en-ciel », c'est-à-dire du projet mondialiste ; d'autre part, elle userait efficacement d'une bombe médiatique ravageuse pour les Occidentaux, à savoir la dénonciation du montage d'Auschwitz, socle idéologique de l'« ordre » mondial mondialiste autorisant toutes les manipulations par identification, au mal supposé absolu de la « Shoah », de tout ce qui s'oppose au mondialisme : c'est à Moscou que se trouvent les preuves (ou l'accès aux preuves) incontestables de cette entreprise de sidération reprise par les États-Unis en 1945 ; or Vladimir Poutine renchérit dans l'antinazisme et la dénonciation des crimes « nazis », en nourrissant le mythe d'Auschwitz par le durcissement de lois mémorielles antirévisionnistes.

En troisième lieu, il est dit (la chose elle aussi mérite d'être vérifiée) que si les défilés LGTB ne sont guère prisés dans l'actuelle Ivanie, en revanche on y bat des records dans le nombre des avortements pratiqués, ce qui ne plaide guère en faveur d'un renouveau de la spiritualité chrétienne.

Quatrièmement, l'actuelle Russie — qui, dit-on, continue de commercer avec les États-Unis — s'enrichit économiquement grâce à la guerre d'Ukraine, assurée de débouchés pour ses matières premières ailleurs qu'à l'Ouest ; les seuls dindons économiques de la farce sont les Européens eux-mêmes (en premier lieu l'Allemagne), conformément aux intentions américaines de toujours. Sous ce rapport, tout se passe comme si cette reviviscence ostensible de la guerre froide était sous-tendue par une complicité entre les deux (ou Trois) Grands en vue d'abaisser l'Europe elle-même. Il se peut encore une fois que notre propos relève du procès d'intention, mais la question mérite elle aussi d'être posée.

Cinquièmement, si, de l'aveu même de plusieurs responsables israélites, l'État profond états-unien est sous la coupe des sionistes eux-mêmes partie prenante majoritaire dans la grande entreprise du mondialisme, il demeure que ces « familles » de mondialistes visant la même fin sont en rivalité, et qu'il n'est pas interdit de soupçonner une rivalité de ce genre entre le sionisme mondialiste des « Loubavitch » et celui de leurs coreligionnaires d'outre-Atlantique, tous d'origine khazar. Si l'hypothèse se révélait exacte, cela signifierait que Vladimir Poutine, sioniste déclaré et protecteur des Loubavitch, serait hostile aux mondialistes anglo-saxons non quant à la fin poursuivie, mais seulement quant aux moyens. Et sous ce rapport il ne serait nullement un rempart contre le mondialisme et un ami de l'Europe.

Enfin, nous redoutons l'existence d'arrière-pensées dans la tête de Poutine, supposé qu'il soit, comme on le dit encore, bon dialecticien et bon joueur d'échecs. Si en effet la puissance anglo-saxonne, comme le déclarent les spécialistes, est en perte de vitesse économique, les mondialistes néo-conservateurs qui profitent de l'infrastructure étatique états-unienne pour donner crédit aux fictions monétaires du mondialisme bancaire sont bien capables, un jour ou l'autre, de passer à l'Est avec armes et bagages, et, si tel est le cas, Poutine le sait et agit pour favoriser ce basculement : l'Amérique des Red necks et des classes moyennes est elle-même appauvrie par les stratégies mondialistes que la puissance bancaire lovée en son sein lui fait subir, et viendra au jour tôt ou tard la conscience de ce que cet impérialisme américain sur le monde n'a pas les moyens de ses prétentions, ou bien ne sert pas les vrais intérêts de la population américaine ; à ce moment, l'hostilité du citoyen américain au mondialisme et à l'interventionnisme états-unien incitera les rats mondialistes à quitter le navire. De même que Zemmour, dans le microcosme français, a tenté de doubler Le Pen sur sa droite pour récupérer la contestation française et tenter de la ramener dans le giron d'un sionisme politique inconditionnel, de même Poutine est capable de jouer le rôle du sauveur de l'Occident chrétien traditionnel pour mettre la main sur une Europe appauvrie, voire ruinée, ainsi une pauvre Europe comprenant avec retard que sa ruine a les États-Unis pour responsables, et prête à se donner à qui l'aidera à se relever économiquement et à sortir du climat de guerre civile en lequel elle aura été plongée. Ce qui est sûr, c'est que déjà l'Afrique noire, l'Asie, l'Afrique du Sud, l'Inde, la Turquie, la Syrie et certains autres responsables musulmans arabes se tournent vers le camp russo-chinois. L'anti-mondialisme, corollaire obligé de l'anti-américanisme, prend de plus en plus clairement la configuration d'une coalition des puissances traditionnellement antioccidentales (tiers-mondistes, anticolonialistes, en bonne partie gagnées à l'universalisme conquérant de l'islam), non parce que l'Europe est dégénérée, athée, matérialiste, états-unienne et démocrate — toutes choses peu contestables —, mais parce qu'elle est européenne, blanche et chrétienne. Quand on sait que les mondialistes, dans leur versant justement nommé « arc-en-ciel », ont pour stratégie d'abaisser le niveau de puissance européen à celui du monde non blanc, afin d'homogénéiser la planète en vue de l'instauration d'un État mondial socialiste, force est de constater que cette coalition, menée sous la houlette de la Russie, loin de s'opposer au mondialisme, pourrait, en tant que chef de file du Tiers-monde avide et frustré, en constituer un instrument efficace. Il y a certes convergence objective entre l'Europe et ce que l'on appelait naguère, en effet, le Tiers-monde, en tant que tous deux sont victimes de l'hégémonie américaine et du mondialisme dont elle est le vecteur, et il n'est pas inopportun d'envisager des accords tactiques entre ces deux victimes contre l'ennemi commun. Mais il ne faut pas oublier que ce même Tiers-monde nourrit, autant que naguère, un ressentiment, un instinct de revanche et une envie qui font de lui l'ennemi de l'Europe chrétienne et de sa vocation à exercer le rôle d'un Empire assumant la fonction de gardien du Bien commun planétaire. L'idée même de monde multipolaire, célébrée par Poutine, a quelque chose d'équivoque ; l'équilibre et la vraie paix, les conditions d'épanouissement de tous les peuples, ne peuvent pas consister en une coexistence de Léviathans hostiles ; toute paix suppose l'unité, et toute unité suppose un principe unificateur. Ce n'est pas l'idée d'hégémonie mondiale qui est en soi mauvaise (elle peut être bonne non certes dans la forme — intrinsèquement perverse — d'un État mondial, mais dans celle d'une nation suzeraine invitée, par sa puissance, à se soucier plus qu'une autre du bien commun universel); ce qui nous paraît mauvais, c'est que cette prétention soit assumée par des États-Unis qui n'ont pas la compétence pour le faire, qui manquent totalement de sagesse, qui entendent amener le monde au niveau lamentable de leur sénile immaturité culturelle et morale. Or nous nous demandons si le monde slave dispose, quant à lui, de cette sagesse requise par une telle prétention à l'hégémonie planétaire. N'en doutons pas : toute aspiration à l'établissement d'un monde multipolaire n'est que le paravent d'une course à l'hégémonie universelle. Cela vaut pour le monde russe, mais aussi pour le monde non blanc, numériquement majoritaire, dans lequel l'aspiration à préserver des identités ethniques traditionnelles est le paravent de la volonté d'imposer à la planète une vision du monde antioccidentale, ainsi de se substituer aux volontés hégémoniques des États-Unis, et cela, en dernier ressort et en vérité, non tant par véritable attachement à des cultures traditionnelles que par désir envieux d'accéder aux jouissances consuméristes dont le monde anglo-saxon s'est fait le champion.

§ **42. 9**. Ce qui aurait tendance à nous inviter à ne pas rejeter dédaigneusement nos craintes ci-dessus formulées, c'est le contenu débilitant du message de Mgr Williamson (confer notre § 42. 7.), révélant à quelles naïvetés peuvent mener tant la pathologie « apparitionniste » que l'enthousiasme non réfléchi suscité par la personne énigmatique de Vladimir Poutine.

Le pauvre Mgr Williamson fanatiquement « poutinophile », de plus en plus enfermé dans ses chimères, va jusqu'à considérer que Staline aurait providentiellement écrasé l'Allemagne pour le bien de tous, parce que cette Russie serait restée selon lui un pays « de grande chrétienté » capable plus tard de sauver l'Occident ; Staline aurait fait jouer en 1941 le culte de la Sainte Russie par « réflexe chrétien » contre le « paganisme » germanique (en vérité, il a fait jouer les réflexes religieux et patriotiques résiduels des Orthodoxes au profit de l'Internationalisme marxiste) ; son successeur Poutine s'apprêterait, selon l'évêque, à envahir l'Europe, et Rome apeurée finirait par consacrer la Russie au Cœur immaculé de Marie, de sorte que Poutine, devenu catholique sous l'effet de cette consécration, convertirait ensuite toute l'Europe... C'est là, à nos yeux, du délire conspirationniste et providentialiste qui fait prendre à son auteur ses désirs pour des réalités, non sans affaiblir un peu plus le capital résiduel de crédibilité dont il jouissait.

Gobineau disait déjà : « défiez-vous des Russes ». Il est difficile de ne pas éprouver une perplexité non dénuée d'agacement à l'égard de l'attitude de ces nationalistes français contemporains qui confèrent à Poutine le statut de sauveur de l'Europe, c'est-à-dire ce statut qu'il leur aurait fallu reconnaître à Hitler à une époque où tout n'était pas pourri dans le monde et dans l'Église ; or à cette époque, ils étaient nationalistes anglophiles et américanophiles, c'est-à-dire objectivement complices des crimes staliniens.

§ **43. 1**. Tout ce qui précède ici (à partir du § 42. 7.) à propos de l'affaire russe ne dépasse guère le niveau de la supputation et de l'hypothèse, de sorte que nous ne pouvons pratiquement en tirer que trois choses.

D'abord, que les principes généraux que nous croyons être ceux de la philosophie politique vraie ne permettent pas de trancher.

Ensuite, que tout ce qui exprime nos réticences à propos de Poutine peut être réfuté par d'autres interprétations tout aussi crédibles, qui plus est fondées peut-être sur des informations plus fiables et plus étendues. Il n'est pas, en effet, interdit de considérer par divers signes que le bolchevisme en Russie n'est que résiduel, que le communisme internationaliste a trouvé chez les mondialistes bancaires, se médiatisant dialectiquement en eux, le moyen adéquat de son instauration, et que le culte de Staline et de la Grande Armée de libération n'est destiné qu'à préserver, dans la conscience collective, l'idée d'une continuité historique nécessaire à l'unité du peuple, ou plutôt des peuples membres de la Fédération de Russie. On peut, dans le même ordre d'idée, ne voir dans le Parti communiste chinois qu'une organisation autoritaire conservant certaines méthodes de l'ancien régime maoïste, mais vidée de toute idéologie, présentant l'avantage, par sa puissance coercitive dirigiste, de faire servir le capitalisme asiatique à des fins politiques nationalistes.

Enfin, puisqu'il faut tôt ou tard choisir, même quand on est contraint de le faire dans le doute, dans l'expectative, avec cette part de risque et de contingence caractéristique de tous les problèmes de ce genre, nous dirons que, en dernier ressort, entre l'OTAN et la Russie, c'est avec le choix de la cause russe que l'on prend probablement le moins de risques — les choses étant ce qu'elles sont pour le moment — de faire se fourvoyer l'Europe et la France. L'ennemi est d'abord le mondialisme déclaré, consumériste, subjectiviste, satanique. Que les intentions des opposants non européens à ce mondialisme ne soient pas pures, qu'elles soient elles-mêmes lourdes de possibles dangers pour l'Europe, cela n'empêche pas qu'ils ne soient pas l'ennemi n° 1, et qu'à ce titre ils puissent avoir raison ponctuelle d'amis contre l'ennemi principal. A charge pour les Européens de changer leur fusil d'épaule en fonction du tour que prendront plus tard les événements. En l'état actuel des choses, mais aussi du savoir et de la compréhension qu'on en a, il est opportun de préférer Poutine à Klaus Schwab, à Soros et à Attali, c'est-à-dire au totalitarisme bancaire qui corrompt le politique — par là l'homme — dans son essence même ; mais il ne conviendrait pas d'investir dans celui qui prend aujourd'hui des poses de Tsar autocrate les espérances que les Européens lucides avaient investies en Hitler.

§ **43. 2.** Selon le fascisme catholique, on ne doit pas se limiter à considérer les choses humaines en leur vie temporelle sous le seul angle, étroitement nationaliste, des intérêts de sa propre nation. Il n'est pas de réalité politique accomplie qui ne prenne la forme d'un État, mais cela ne signifie pas que le Politique se réduirait aux intérêts immédiats et à la seule grandeur d'un tel État, fût-il le nôtre. Il est dans l'intérêt de la nation de s'intéresser au bien commun temporel qui transcende le bien de la nation, comme il est dans l'intérêt de la partie de considérer son propre intérêt du point de vue du tout et non seulement d'elle-même. Le Politique est d'abord une vision du monde et de la vie, et l'État est à la fois son incarnation communautaire, à la fois l'instrument conscient de sa diffusion universelle. S'il est vrai qu'il existe une identité européenne — héritage gréco-latin, ethnie originaire indo-européenne, religion chrétienne de fait mais en droit catholique —, peu importe, à la limite, que l'Europe, en sa vocation à exercer le rôle de centre du monde, soit sous la suzeraineté de telle nation européenne ou de telle autre, pourvu que cette nation sache, du sein de sa conscience de soi nationale, se faire la conscience de soi de l'Europe sans la tronquer. L'Histoire a manifestement désigné en deux nations occidentales la capacité d'assumer cette dignité : la France et l'Allemagne. Mais une telle vocation s'est pour elles éclipsée — provisoirement ou non, Dieu seul le sait — depuis la défaite de Stalingrad. Aujourd'hui, c'est la Russie qui semble

prétendre à ce rôle et c'est en elle que, non sans précipitation —
excédés par la domination corruptrice, judéo-maçonnique, de
l'Internationale anglo-saxonne —, aspirent à se reconnaître les
nationalistes des nations européennes. Toute la question est de
savoir si la Fédération de Russie — Empire multiracial,
multiculturel et sans véritable unité religieuse, tourmenté par le
souci de reconstituer l'unité du monde slave en sa version
chrétienne orthodoxe ou en sa version soviétique (nul ne le sait
en fait, pas même les Russes peut-être) — peut être tenue pour
véritablement européenne, et présente des titres suffisants à
personnifier le destin de l'Europe. Au fond, un tel empire est-il
dans l'« intentio naturae », dans l'intention de la Providence, ou
bien, ne jouissant que d'une unité artificielle, ainsi d'un être sans
consistance autre qu'accidentelle, a-t-il vocation à disparaître en
libérant de son sein des nations vouées, quant à elles, à rejoindre
tantôt l'Asie, tantôt l'Europe ? Une interrogation de cette nature
paraîtra incongrue, scandaleuse, d'une insondable bêtise à
certains ; mais la guerre d'Ukraine, qui fait se révéler les
ambiguïtés du discours de Vladimir Poutine, nous invite à nous
poser une telle question à laquelle nous ne saurions répondre,
mais dans l'éclairage de laquelle il nous semble nécessaire d'oser
réfléchir si notre lutte contre le mondialisme doit, pour n'être
pas vaine, être éclairée sur ce qu'elle entend y substituer. S'il
faut, pour se libérer de la pieuvre judéo-maçonnique incarnée
dans le mondialisme bancaire à dominante anglo-saxonne,
embrasser le statut de vassal d'une Russie fondatrice d'unité
eurasiatique habilitée à sauver le patrimoine spirituel et racial du
monde indo-européen, il est évident qu'il est du devoir de tout
Européen de consentir à ce statut. Nous voudrions, pour ce
faire, être complètement convaincu de la pureté des intentions
du dirigeant russe, et de sa possession des aptitudes réelles à les
concrétiser.

Chapitre II

POUTINE

Reproduction de l'article POUTINE de l'*Abécédaire Mal-Pensant*, Reconquista Press, 2019. Lui-même reproduction (légèrement modifiée) de l'article « Vladimir Poutine, sauveur de l'Occident chrétien ? » par Stepinac, paru dans la revue *Écrits de Paris* (nᵒ 777, juillet 2014).

Introduction

Depuis plusieurs années, il est de bon ton dans les milieux de droite européenne d'avoir des yeux de Chimène pour Vladimir Poutine. Il est aussi tenu pour éminemment avisé de prendre au sérieux les révélations complotistes (au reste souvent intéressantes et nécessaires) relatives aux véritables maîtres de ce monde, à savoir les lucifériens qui coïncident avec les opérateurs du mondialisme bancaire lové essentiellement (mais non exclusivement) dans les centres de décision de l'État libéral d'Amérique du Nord : le mal, dit-on, est devenu trop universel et, à vue d'homme, trop difficilement destructible pour pouvoir être expliqué par la seule malice des hommes ; on n'a pu en arriver là que par l'intervention du Malin ; la planète court à sa perte parce qu'il existe des hommes très pervers et très puissants qui tirent leur pouvoir et leur inspiration du Prince de ce monde, par-delà la folie passionnelle des utopies et des égoïsmes trop humains ; le mal, par définition contre nature, ainsi dépendant de ce qu'il conteste, devrait porter en lui les raisons suffisantes de son exténuation, cependant qu'il est plus prospère que jamais, de sorte qu'il ne peut être maintenu en vie à long terme qu'en convoquant des ressources excédant l'ordre naturel lui-même ; il s'agit alors de pouvoirs préternaturels.

Ces deux thèses sont au fond solidaires l'une de l'autre : il y a le Tiers-monde qui ne compte vraiment ni politiquement ni économiquement ni militairement ; il y a les États-Unis qui sont tenus par les Juifs et les satanistes « *Illuminati* » ; il y a l'Europe occidentale qui se noie dans le marécage maçonnique (ainsi ultimement sataniste, mais selon une version « douce ») de Bruxelles ; et il y a Poutine et les panrusses que leur expérience du communisme athée a vaccinés contre toute forme de mondialisme, mais a aussi préservés de toute tentation gnostico-sataniste, puisque le satanisme est aussi un mondialisme, au demeurant un antithéisme incompatible avec l'athéisme systématisé par le marxisme ; il y a certes aussi la Chine, mais cette dernière est objectivement dans le camp russe et tend subjectivement, de plus en plus, à le rejoindre ; dans cette perspective, les relents de stalinisme de la Russie contemporaine ne doivent pas inquiéter les nationalistes européens excédés par les manœuvres judéo-maçonniques et gnostico-satanistes des euro-américains, et la lucidité politique invite à faire fi de réticences obsolètes (la peur de l'ogre soviétique) en soutenant Poutine pour le plus grand bien de l'Europe ; c'est se tromper de guerre que de croire que la Russie soviétique serait encore le mal absolu ; le communisme soviétique ne fut qu'un moment de l'entreprise satanique de démolition du monde ancien (ou de ce qui en restait), et il fut jeté par le mondialisme bancaire (le vrai maître aussi puissant que discret) comme un kleenex usagé après avoir accompli sa tâche historique de destruction des nations d'Europe et de liquidation des reliquats du colonialisme européen ; aujourd'hui, c'est le vrai maître qu'il faut dénoncer et abattre, dût-on pour ce faire se subordonner au combat des anciens communistes et embrasser leur destin.

L'actuelle Allemagne n'est que l'exécutant en Europe des intérêts géopolitiques du monde anglo-saxon, lequel est au bord de l'abîme : de cette monnaie de singe que représentent les 6000 milliards de dollars de Bons du Trésor US, la Russie et la Chine possèdent à elles seules 25 %, par là sont en mesure de faire chuter le dollar quand elles le veulent (…) ; l'endettement américain depuis l'avènement d'Obama représente un volume supérieur à celui de la totalité de l'endettement américain contracté entre l'élection du premier Président des États-Unis et le départ de Bill Clinton ; les USA sont à bout de souffle, il serait criminel pour les Européens soucieux de se soustraire à l'insupportable hégémonie américaine sévissant depuis 1945, de refuser la main tendue par Vladimir Poutine.

Le présent travail voudrait proposer des éléments de réflexion susceptibles de tempérer les ardeurs russophiles des nationalistes européens. Il sera pour ce faire procédé en trois temps (a, b, c). Qu'il soit bien entendu que la thèse favorable à la Russie de Poutine, ci-dessus exposée, n'a nullement vocation, dans l'esprit de l'auteur, à être abandonnée ; peut-être est-elle l'expression de la vérité. Mais l'enjeu est trop grand, quand il est question — pour l'Europe et ses nations — de se choisir un suzerain, pour que l'on puisse se dispenser d'évoquer la recevabilité de l'hypothèse selon laquelle la Russie post-communiste pourrait bien, dans le processus actuel d'instauration d'un État mondial, être elle-même partie prenante, faisant ainsi figure de champion de l'antimondialisme non par amour pour les nations traditionnelles, mais en tant que rivale des États-Unis dans le service d'une cause commune. Et dans cette sombre hypothèse, il s'agirait, du point de vue de Poutine, de promouvoir un mondialisme communiste, à partir d'une Russie restée communiste mais ayant conçu le projet de se débarrasser momentanément de la forme historique nationale que le communisme avait prise en elle, dans le but de promouvoir, conformément aux exigences de son concept, un communiste effectivement internationaliste.

Solidarité de principe entre libéralisme et communisme

a) Selon Platon (*Philèbe*) : « il n'y a pas de désir corporel », en ce sens que les désirs du corps ne sauraient s'enraciner dans le corps puisqu'ils peuvent le détruire ; ils s'enracinent dans l'âme, ils sont en soi des désirs spirituels qui sont investis dans des biens corporels, et c'est pourquoi les désirs corporels sont inflationnistes, structurellement inadéquats à la pulsation qui les inspire ; le désir spirituel appète par nature des biens spirituels, mais il est dévoyé en tant qu'il s'investit dans les biens corporels, donc il vise (en vertu de sa nature spirituelle) des biens spirituels mais, en tant qu'il est dévoyé, il vise ces biens — qui devraient être aimés pour eux-mêmes — non comme se rapportant à eux mais comme les rapportant à soi, et tel est le subjectivisme ; les biens matériels sont aimés, dans cette perspective, non seulement comme de simples instruments de jouissance physique (comme si la délectation corporelle avait raison de fin), mais encore comme les moyens de se glorifier en tant qu'esprit dans la jouissance physique illimitée, expression actualisante de la souveraineté du moi qui seul a véritablement raison de fin. Si l'investissement peccamineux, dans l'élément des biens matériels, des désirs spirituels, avait pour seule raison l'appétit de jouissances physiques sans frein, il ne prendrait pas la forme d'une organisation complexe comme l'est le système de production moderne, dont le fonctionnement suppose compétences, efforts, abnégation, compétition, c'est-à-dire des vertus qui contreviennent aux tendances de la consommation hédoniste, lesquelles résultent d'un collapsus des énergies volontaires. S'il prend cette forme, c'est que le but poursuivi n'est pas tant la satisfaction corporelle de désirs indéfinis que la satisfaction orgueilleuse — ainsi spirituelle — de contempler, dans l'infini de ses prétentions sensibles actualisées, la toute-puissance de ses revendications spirituelles à l'autonomie.

Or entre des subjectivités se prenant pour fin, ainsi déifiées ou absolutisées, il ne peut exister qu'un rapport d'égalité ; donc le subjectivisme consumériste (capitalisme[1] et libéralisme) se consomme logiquement en égalitarisme, même s'il requiert des conditions inégalitaires de fonctionnement. Dans le cas du libéralisme, il s'agit de la compétition entre instances privées, alimentée par la production *privée* (les États démocratiques, c'est-à-dire oligarchiques, s'étant dépossédés du privilège de battre monnaie) de monnaie *ex nihilo* et exacerbée par l'écart entre monnaie créée et monnaie à restituer avec intérêts, de sorte que l'emprunteur — les États en particulier — doit à nouveau faire appel à l'emprunt et que la dette ne peut jamais être remboursée : la richesse publique et privée passe mécaniquement dans les caisses des banques et plus généralement des institutions financières prêteuses, les « *Shadow Bankings* ». Dans le cas du capitalisme d'État, il s'agit de l'inégalité entre État (composé de ses apparatchiks) et peuple. Les contraires sont, selon les logiciens, des termes qui s'opposent en tant qu'ils appartiennent au même genre, s'identifient en lui qui est comme leur matière commune, mais aussi le principe dont ils se font procéder (la différence spécifique procède du genre en lequel s'anticipe l'espèce) ; le

---

[1] Par « capitalisme », nous entendons ici le caractère propre de toute organisation de l'économie fondée sur la chrématistique, privilégiant le cycle « A-M-A' » (argent-marchandise-argent) au détriment du cycle « M-A-M' » : la fin de l'échange est l'enrichissement des échangeurs (à tout le moins celui de l'un des échangeurs au détriment de l'autre), et non la satisfaction des besoins obtenue par le jeu d'une complémentarité entre capacités des producteurs. De moyen de l'échange, l'argent devient fin, et à ce titre il a vocation à être capitalisé. Le capitalisme est solidaire du libéralisme, qui repose sur le postulat selon lequel la recherche par chacun de son bien égoïste est génératrice de prospérité générale, de sorte que cette « main invisible » (Adam Smith) dispense le système économique de toute ingérence de l'État, et même exclut toute initiative politique en vue d'une subordination des acteurs sociaux au bien commun. Le rôle de l'État, réduit à une vocation nomocratique et non plus téléocratique, doit alors se réduire à faire respecter les contrats privés. En fait, en tant qu'arbitre supposé des conflits, il en vient vite, puisqu'il est frappé de neutralité en matière de fin à poursuivre, à devenir lui-même objet des convoitises de ceux qui sont en conflit, pour finir par être leur factotum, au détriment des peuples.

subjectivisme est le genre commun au libéralisme individualiste et au communisme, et il permet le renversement dialectique de l'un dans l'autre.

C'est pourquoi la thèse d'Hannah Arendt (*Essai sur la révolution*, 1963) opposant, dans une comparaison entre Révolution américaine et Révolution française, la liberté pragmatique des Anglo-saxons à l'égalité dogmatique des Jacobins, nous paraît en dernier ressort contestable. La liberté serait opposée à l'égalitarisme, tout comme l'esprit de Tocqueville, de Locke, de Montesquieu, le serait à celui de Rousseau et de Robespierre. Certes, la liberté entendue comme pratique inspirée par le désir sensible s'accommode de l'inégalité de fait dans une égalité de droits, qui est purement formelle, mais qui assure à tous un droit égal à exercer sans limite (pour autant que cet exercice soit conforme à la loi) leur liberté de s'enrichir et de consommer. Mais, comme on l'a vu, cette revendication libertaire à jouir sans entraves n'est que l'envers d'une prétention du moi à s'absolutiser. La liberté prise comme fin se résout toujours en prétention à se créer soi-même, la trivialité de l'exigence physique de jouir n'est que le paravent d'une revendication métaphysique inconsciente mais réelle. Or la réalisation effective de cette liberté métaphysique absolue est pressentie confusément par le plus grand nombre comme impossible. L'insurrection métaphysique de la populace n'atteint ni à la radicalité ni au degré de lucidité de celle d'élites à l'orgueil satanique (Don Juan, Kirilov, Nietzsche), ce qui ne l'empêche pas de demeurer métaphysique dans son essence. C'est pourquoi elle trouve son substitut viable dans l'égalitarisme, effet supposé de la liberté absolue (égalité entre des petits dieux) ; l'égalité absolue est le substitut effectivement réalisable de la liberté absolue, *sa seule réalisation possible* (on identifie l'effet propre de la liberté à son essence) pour les masses, et c'est pourquoi tous les consuméristes ont vocation à l'aimer, même si elle en vient à les empêcher de jouir, même si elle se réalise comme tyrannie : elle est égalité de gueux, mais tyrannie de tous sur tous, par là réalisation consommée de l'idée démocratique. Et c'est bien ce qu'avait pressenti Tocqueville, non seulement en ce qui concerne cette passion française pour l'égalité, mais encore à propos de la démocratie américaine elle-même, dans sa description suggestive d'une nouvelle forme, inédite, de tyrannie, du sein même de la démocratie. C'est au reste ce que Hannah Arendt (dans *La Crise de la culture* et *La Crise de l'éducation*) avouait elle-même à propos du triomphe, aux États-Unis, de l'égalitarisme dans le monde scolaire en particulier : triomphe du pédagogisme, destruction du bon sens, culte de l'égalité par destruction de toute différence et de toute hiérarchie entre jeunes et vieux, enseignants et enseignés ; autonomisation du monde des enfants devenu auto-référent (l'enfant n'est plus un adulte en puissance) ; le professeur n'a plus besoin d'en savoir plus que ses élèves, on en vient à substituer l'invention à l'apprentissage. Le résultat de ces méthodes consiste en une infantilisation systématique des adultes : égalité par le bas.

Comme on l'a vu, d'une part le consumérisme est induit par le subjectivisme, d'autre part ce dernier se révèle exigitif d'égalitarisme, cependant que les conditions de possibilité du consumérisme (production et travail) sont incompatibles avec les exigences sociales de l'égalitarisme générateur d'irresponsabilité, de fainéantise et d'envie. Une société libérale n'a cependant aucune raison de se convertir en société socialiste aussi longtemps que la pulsion consumériste qui l'anime croît plus vite que la pulsion égalitaire. Ce qui suppose soit la capacité toujours renouvelée d'ouvrir de nouveaux marchés (accroissement quantitatif), soit le renouvellement qualitatif des marchés grâce au lancement de nouveaux produits induits par un progrès technologique toujours plus sophistiqué. En pratique, les deux conditions sont en même temps requises. Or le nombre des marchés potentiels (quantitatifs et qualitatifs) n'est pas infini, non plus que le progrès technique. De plus, un facteur aggravant tient dans le fait que la concentration tendancielle des richesses en un tout petit nombre de mains, induite par les mécanismes du crédit, ne peut pas ne pas compromettre, à terme, la fréquence et le volume des échanges commerciaux réels. Ainsi le monde capitaliste est-il condamné à nourrir malgré lui une pulsion égalitaire en contradiction avec les conditions inégalitaires de son fonctionnement, mais de telle sorte que sa réussite le rend de moins en moins capable de résorber sa tension intestine. C'est pourquoi la société libérale, en vertu de sa contradiction interne, est logiquement vouée soit à faire une place toujours plus grande à des mesures socialistes de redistribution, soit à exacerber cette contradiction gravide de pulsions révolutionnaires violentes. L'une des vraies raisons des mesures de laxisme moral (avortement généralisé, euthanasie, « mariage » entre invertis, libéralisation de certaines drogues, etc.) favorisées par les États aujourd'hui, consiste peut-être en ceci : constatant que l'excitation consumériste est incapable désormais d'élever le niveau de vie matérielle du plus grand nombre, les États se savent impuissants à endormir la pulsion égalitaire insurrectionnelle qui couve dans les sociétés consuméristes, de sorte que ces États retardent les effets de cette pulsion égalitaire en tentant de la noyer dans des dispositions sociétales hédonistes non marchandes.

Capitalisme d'État et communisme

b) Le communisme réel, historiquement réalisé et seul réalisable, est un capitalisme d'État (faire de la plus-value qui sera redistribuée aux masses, car le communisme est aussi consumériste, puisqu'il est matérialiste), lequel en retour ne peut être que communiste : un État ne peut se subordonner son peuple de manière tenable que si l'État et le peuple sont eux-mêmes subordonnés à une fin transcendante solidaire d'une morale faisant s'intérioriser en chaque homme les vertus de l'abnégation ; or il n'y a pas de transcendance dans un État matérialiste (libéral ou socialiste), donc cet État ne peut se subordonner sa population qu'en se subordonnant en retour à elle qui est toujours, au reste, plus puissante que les dirigeants, et qui ne supporte un pouvoir coercitif que si elle y consent tacitement ; dans un État socialiste, le peuple est aussi individualiste que dans un État libéral ; et un État qui se propose pour fin de drainer la richesse de son peuple (tel est bien le capitalisme d'État) ne peut se subordonner en retour à lui qu'en redistribuant les richesses acquises, ce qui est bien une mesure socialiste ; tout capitalisme d'État débouche dans le communisme. Marx l'avait prévu d'une certaine façon : quand toute la richesse mondiale sera concentrée en un petit nombre de mains, au terme d'une exacerbation mondialisée de la lutte des classes, le capitalisme tombera de lui-même comme un fruit mûr, parce que cette classe bourgeoise quantitativement réduite, dépositaire du pouvoir économique dont le pouvoir étatique n'est que la superstructure, sera contrainte, à peine de crever de faim sur des avoirs fiduciaires ne représentant plus rien par suite d'un blocage des échanges commerciaux (s'il n'y a presque plus — par suite de la disparition de la classe moyenne — que des pauvres, il n'y a plus personne pour acheter aux riches, or la valeur de l'argent est fonction de sa mobilité), d'assumer le rôle d'administrateur mondial de la richesse publique, ainsi le rôle d'État mondial redistributeur ; Marx ajoutait que, la bourgeoisie étant historiquement incapable de se résoudre à un tel rôle, c'est le prolétariat international qui se substituerait mécaniquement à elle.

On ne sait pas grand-chose officiellement des maîtres financiers du monde, parce que leur puissance dépend de leur discrétion. Les « révélations » croustillantes sur ce sujet vont bon train. On sait cependant, de sources officielles et vérifiables, que la moitié de la richesse mondiale est possédée par 1 % de la population, et que les 85 personnes les plus riches possèdent autant que 3 milliards des plus pauvres ; que les cinq cents plus grosses firmes du monde ont un chiffre d'affaires (30 000 milliards de dollars) équivalant à la moitié du PIB mondial. Il n'est donc pas absurde d'accorder un certain crédit à ceux qui estiment que le système financier planétaire repose sur un nombre très restreint de « tribus » s'étant enrichies démesurément par le crédit depuis plusieurs siècles, et ayant favorisé de manière aussi constante que polymorphe la montée de la subversion de l'ordre naturel (sociétés monarchiques et chrétiennes) afin d'instaurer une situation dans laquelle les États (démocratiques, ainsi structurellement faibles et dépendants des puissances d'argent) en viennent à exercer le rôle d'instrument d'appauvrissement tendanciel de la classe moyenne par le moyen de la fiscalité endémique. Ainsi, quand les « douze Familles » constitutives du premier cercle des maîtres du monde (relayées par la Trilatérale, le groupe Bilderberg, les loges maçonniques, etc.) auront drainé les richesses de la Terre par le moyen de l'intérêt et de la substitution des banques au pouvoir régalien étatique de battre monnaie, elles administreront la richesse mondiale et seront un État mondial, pratiqueront un capitalisme d'État, et, en vertu de ce qui précède, elles seront communistes. Elles seront les Apparatchiks de l'État mondial communiste qui, ayant préalablement pris soin d'imposer systématiquement le métissage et l'avilissement moral les plus radicaux, aura fait perdre à ses sujets le désir et jusqu'au souvenir des grandeurs spirituelles passées de l'humanité, par là ne possédera plus en ses flancs populaires les ressources physiques, morales, religieuses et intellectuelles requises pour être renversé.

Satanisme et athéisme

c) Par ailleurs, puisqu'il est question de satanisme, il est nécessaire de s'interroger sur la pertinence des stratégies que lui attribuent ceux qui l'évoquent pour expliquer la marche des affaires humaines. Lucifer, quelque supérieurement intelligent qu'il soit, est de mauvaise foi, ne cesse de se mentir à soi, et croit qu'il peut gagner dans sa lutte contre Dieu : on ne peut se fixer dans le mal, ainsi dans un état contre nature, sans se leurrer intentionnellement sur la vraie nature du bien ; « *unumquodque, quantum in se est, suo modo naturaliter diligit Deum plus quam seipsum* » (saint Thomas d'Aquin, *Somme théologique*, Iª q. 60 a. 5 ad 1[2]) ; or

---

[2] Tout être, autant qu'il est en lui, aime naturellement Dieu plus que lui-même.

le démon est irrévocablement fixé dans le mal ; donc il se ment, il se détourne de la vérité que pourtant il sait, mais tel est le paradoxe du mensonge à soi, dont la contradiction intestine ne lui enjoint pas pour autant de se renier en se dissipant : les contraires s'identifient dans l'être en puissance, la conscience qui est intentionnelle (la conscience n'est conscience en acte qu'en tant que conscience de quelque chose qu'elle n'est pas, elle est « révélante-révélée ») est telle que la conscience du bien et la conscience du mal s'identifient dans la conscience en puissance, laquelle est l'inconscience ; la conscience et le choix du bien (du moi en tant que bon parce qu'ordonné au bien) d'une part, et la conscience et le choix du mal (du moi en tant que mauvais parce qu'il est ordonné au mal) d'autre part, s'identifient dans leur racine commune qui est leur puissance commune, à savoir la conscience pure (conscience de rien) qui est néant de conscience et ainsi inconscience ; par là, étant intentionnelle (étant conscience en acte par l'acte de sa visée même : une conscience de rien s'éclipse), la conscience sait qu'elle n'*est* pas bonne ou mauvaise comme la table est ronde ou carrée, et qu'elle *se constitue* comme bonne ou mauvaise par son choix ; elle peut donc se savoir n'être pas ce qu'elle vise, se savoir néant, et sous ce rapport se soustraire à ce mal qu'elle est pourtant en tant qu'elle le choisit ; dans le moment où elle se soustrait à ce mal que pourtant elle ne cesse d'être, elle s'éclipse (se rend inconsciente) et peut sous ce rapport s'imaginer qu'elle vise, en toute « innocence », le bien qu'elle se sait pourtant n'être pas ; et c'est ainsi qu'elle ignore la vérité (être mauvaise et déchue) et se rêve bonne (et victorieuse) sans cesser de se savoir déchue et vaincue : elle sait la vérité en tant qu'elle s'actualise dans ce qu'elle vise (le mal), elle se dérobe « sincèrement » à la vérité en tant qu'elle se sait, en tant que néant, n'être pas réductible à ce qui l'actualise ; elle peut être « menteuse » et « mentie » ; elle est menteuse en tant qu'elle sait qu'elle se constitue en choisissant de l'être comme conscience méchante, elle est mentie en tant qu'elle se sait, sans cesser d'être intentionnelle, irréductible à son choix, et réductible au néant de conscience qui est aussi sous ce rapport néant de méchanceté. Parce que Lucifer est de mauvaise foi (au sens sartrien), il peut aspirer à cette prétention en soi absurde de se déifier (être victorieux de Dieu : il aime non Dieu mais la déité, il aime Dieu en le rapportant à soi et non en se rapportant à Lui ; et par là il veut se faire adorer) ; mais l'unique manière de se déifier quand on est créature (ce que le démon sait aussi), c'est, aussi bien pour Lucifer que pour l'homme, de se reconnaître dépendant de quelque chose qui en retour est supposé dépendre de soi : on satisfait ainsi au double réquisit de se savoir n'être pas absolu, et d'exercer la prétention à pouvoir le devenir ; pour cette raison, le démon se veut être le Père s'associant son « Fils » qui est la communauté humaine, en réconciliant l'athéisme et l'antithéisme, la déification du moi humain et l'adoration de Satan, à la manière dont le Fils procède du Père sans cesser de Lui être égal en dignité et divin comme le Père qui en retour n'est Père que dans sa Paternité ; et c'est cette réconciliation entre athéisme et antithéisme (Dieu n'est pas mais est à faire, Lucifer est dieu mais les hommes lui sont consubstantiels, ils s'adorent eux-mêmes en lui, le subjectivisme est sauvegardé) qui fait prévoir la victoire du communisme, car le système politique de l'athéisme (c'est-à-dire de cette négation de Dieu inspirée par le désir d'être Dieu) n'est pas le mondialisme bancaire mais le communisme : l'essence humaine est l'ensemble des rapports sociaux, l'homme se crée en créant la société, il est « *causa sui* » et divin, la collectivisation des moyens de production a pour sens que l'individu est possesseur des moyens de sa déification ; il se *naturalise*, se donne sa nature (ainsi se crée), en transformant (ainsi en *humanisant*) la nature ; l'individu n'est que par la société divine qui en retour n'est que par lui, dans une action réciproque habilitant chacun à se savoir tel l'opérateur de sa propre déification par la médiation de la société substantifiée. Le satanisme (s'il existe) des élites dirigeantes supposées se subordonner le judaïsme lui-même, ne peut être efficient que s'il est aussi une déification de l'homme, car la raison du refus satanique de Dieu est l'orgueil, lequel ne renvoie pas à Satan comme à un souverain auquel on se subordonne et qu'on adore, mais à l'homme se déifiant et n'adorant d'autre que soi ; le calcul de type « *win-win* » (Satan donne des pouvoirs aux oligarques qui entendent le servir pour le « rouler », quand il entend les enrichir pour se faire adorer d'eux) ne peut fonctionner que moyennant l'adoption de la « Trinité satanique » : Satan, la communauté humaine, la thématisation socialiste de leur dépendance réciproque ; Satan n'est souverain que comme conscience de soi hypostasiée de la divinité de l'homme. Supposé, en effet, qu'il soit véritablement invoqué par des hommes ivres d'orgueil, ainsi par des âmes se prenant pour fin dernière, il reste à expliquer comment peut être surmontée, par elles, la contradiction en laquelle, ce faisant, elles tombent, dès lors qu'elles excluent, sous la pression même de leur orgueil, de se subordonner aussi bien à un anti-Dieu qu'à Dieu, au point de nier l'existence de toute transcendance. On dira qu'elles ne l'invoquent que pour le profit qu'elles tirent de leur ignoble commerce avec Belzébuth. Mais n'est-ce pas déjà renoncer à leur ivresse de souveraineté absolue que de consentir à son existence et à reconnaître le besoin qu'on peut avoir de lui ? L'antithéisme n'est tenable, pour un subjectiviste radical — ainsi pour un homme déchu ayant dépassé depuis longtemps (par ses milliards de dollars) le trivial niveau de bassesse de la convoitise sensible incoercible —, que s'il parvient à se conjuguer avec les « mérites » psychologiques que l'orgueilleux reconnaît à l'athéisme. Satan, pour l'homme qui s'y livre, ne prend conscience de soi (de la déité qu'il convoite) que moyennant la conscience qu'il prend aussi de lui-même en l'homme.

Bilan théorique, et hypothèse sur l'avenir

Procédons désormais à un bilan, au terme de ces analyses conceptuelles succinctes.

Il est dans la logique d'un capitalisme d'État de s'exercer sur le mode communiste (b), et il est dans la logique du subjectivisme libéral de se convertir en socialisme égalitaire (a), et il est encore dans la logique du satanisme de prôner l'athéisme entendu comme déification de l'homme (c) ; de sorte que ce capitalisme d'État ne peut s'adjoindre un satanisme que si ce dernier est aussi consommé dans le communisme. **Et le seul à avoir compris tout cela est peut-être Poutine (ou ceux dont il est le porte-voix) ; à tout le moins doit-on, par prudence, faire l'hypothèse — quand bien même ce ne serait qu'une hypothèse d'école — selon laquelle il se pourrait qu'il l'eût compris.** En effet :

Remarquons préalablement que l'existence de l'URSS, paradoxalement, compromettait l'extension maximale du mondialisme libéralo-maçonnique, en contraignant les États libéraux à se faire un tant soit peu nationalistes pour lutter contre les visées militaires du « communisme dans un seul pays ». Ce qu'il n'est pas interdit d'interpréter telle l'autodissolution programmée de l'URSS a favorisé cette extension. Objectivement porteuse de communisme, cette extension n'est pas subjectivement exercée par ses auteurs dans une perspective communiste, mais dictatoriale (directoire bancaire, magistère planétaire de la communauté juive et/ou des maçons). Si les marxistes soviétiques existent encore, il est dans leur intérêt de laisser le mondialisme bancaire aller jusqu'au bout de lui-même, afin de récupérer à leur profit explicitement communiste les résultats de cette destruction des nations historiques. Ce qui reviendrait à donner raison à Georg Lukács : le communisme est la conscience de soi du capitalisme.

On peut se demander, dans cette perspective, si Vladimir Poutine n'est pas en train d'attendre son heure ; la finance ne peut créer un État *ex nihilo*, elle entend se faire exister à l'ombre d'un État plus ancien qu'elle, qu'elle essaie de se subordonner et de mondialiser. Si l'on accorde crédit par exemple aux informations de Pascal Roussel, expert-financier (analyste financier au Département des risques financiers de la Banque européenne d'investissements) auteur d'un roman pédagogique remarquable (*Divina Insidia*, Éditions Romaines, 2011) et de nombreux articles spécialisés, la « tribu » Rockefeller jadis lancée par les Rothschild et depuis émancipée de lui et en conflit avec lui, semble jouer, quant à l'État chargé de lui servir de marchepied en vue de l'instauration de l'État mondial, sur les USA ; les Rothschild joueraient, dit-on, sur la Communauté européenne. Consentons alors à formuler l'hypothèse suivante : Rothschild peut en venir à solliciter Poutine afin d'abattre Rockefeller quand les USA seront en perte de vitesse et que l'UE se décomposera (son constitutif formel est la défense de l'euro fort, qui lui permet d'importer à bas prix pour nourrir des populations de chômeurs, et de chômeurs de plus en plus nombreux parce que cet euro trop fort compromet les exportations) ; et Poutine peut bien essayer de se subordonner Rothschild qui, dans l'hypothèse, travaillerait pour lui sans qu'il ne le sût. Signes à attendre pour corroborer l'hypothèse : union de la Russie et de la Chine où Rothschild possède maints avoirs ; l'hypothèse peut être tenue pour déjà corroborée par le fait que Poutine avalise la Shoah et entend, sous couvert de mémoire populaire et d'unité nationale, assumer le passé stalinien : « faites de la cause du peuple la cause de la nation, et vous ferez de la cause de la nation la cause du peuple » (Lénine) ; les nationalistes français et européens soucieux de se libérer de l'ingérence américaine se rapprochent de Poutine et favorisent la décomposition de l'UE, et Poutine a intérêt pour les y inciter à leur faire croire qu'il est opposé au mondialisme en général. En fait, il est nécessaire, avant que de lier son destin à Poutine, d'étudier l'hypothèse selon laquelle il se pourrait qu'il entendît réaliser l'« *isba commune* », et à partir d'elle un mondialisme communiste : Poutine est bon dialecticien et bon joueur d'échecs. Il n'est pas interdit de le soupçonner d'avoir deux fers au feu. Le premier est celui de l'« *isba commune* » destinée à se substituer à l'UE, par la création d'un grand marché eurasiatique consumériste inspiré par les valeurs décadentes des Lumières démocratiques et individualistes (à tout le moins un marché non opposé à elles), marché supposé s'opposer au marché américain (Poutine donne alors l'impression d'épouser la décadence européenne pour renforcer l'Eurasie contre le monde anglo-saxon, et fait croire qu'il consent à épouser cette décadence pour en dernier ressort relever spirituellement l'Eurasie, et c'est ce qui donne dans la vue des nationalistes français qui, peut-être, pèchent par naïveté). Le deuxième fer au feu est de feindre le nationalisme impérial russe sans concession pour la décadence de l'Europe de l'Ouest, doté de valeurs traditionnelles et réactionnaires, en se présentant en recours pour les nations soucieuses de s'émanciper à la fois des USA et des valeurs libérales et individualistes, ainsi des nations qui croient discerner dans Poutine un nouveau sauveur hitlérien propugnateur d'un nationalisme européen. Mais dans les deux cas il vise l'« *isba commune* », non l'« *isba commune* » traditionaliste (une substitution de la Troisième Rome au Saint-Empire romain germanique et au Troisième Reich) mais l'« *isba commune* » communiste ; s'il visait l'« *isba commune* » traditionaliste, celle des peuples enracinés, il dénoncerait la mainmise des Rothschild sur l'UE, il dénoncerait aussi la mainmise des Rockefeller sur le monde anglo-saxon[3], il ne revendiquerait pas la paternité du passé stalinien de la Russie, il n'entretiendrait pas la mémoire de la « Shoah » (au point de promulguer dans son pays des lois antirévisionnistes très répressives), il ne serait pas l'allié de l'entité sioniste (que l'URSS avait été la première à reconnaître), laquelle sait qu'à plus ou moins long terme ses intérêts propres ne coïncideront plus avec ceux des États-Unis, et est prête à tout moment à un

---

[3] Les alliances ici esquissées à grands traits sont évidemment moins claires quand on les considère en détail : il n'est aucun pays dans le monde qui soit sous l'influence financière exclusive d'une seule « famille » ; les Rockefeller aussi exercent une influence en Chine (leur banque —à l'époque la « Chase » — fut la première, dès 1973, à établir des relations avec la Banque de Chine) ; Poutine est aussi ami de Kissinger (proche des Rockefeller), et n'hésita pas à jeter en prison (officiellement pour des raisons fiscales) l'oligarque Khodorkovski (qui s'était risqué à menacer politiquement Poutine), pion de Lord Jacob Rothschild. Néanmoins, le monde anglo-saxon est globalement plus largement sous la coupe des Rockefeller, et l'Europe est globalement sous celle des Rothschild. Poutine attend, semble-t-il, de voir quelle « famille » prendra le dessus.

renversement d'alliances ; il ne conserverait pas pieusement la momie de Lénine dans son mausolée sur la Place Rouge ; il changerait le nom de Volgograd en celui de Tsaritsyne et non en celui de Stalingrad. Et Poutine, fabuleusement riche, ne serait pas citoyen d'honneur de la City.

Dans ce jeu criminel à trois joueurs (satanistes goïm de Rockefeller, satanistes et Juifs de Rothschild, panrusses poutiniens, les trois étant alimentés par les consuméristes de tout poil d'origine européenne à tendance social-démocrate, d'origine anglo-saxonne à tendance ultra-libérale, ou d'origine asiatique à tendance néo-stalinienne), c'est le panrussisme poutinien, préfiguration du communisme planétaire, qui pourrait paraître le mieux placé pour remporter la victoire. En d'autres termes, **il se pourrait que la dialectique marxiste se révélât un jour plus redoutable — parce que plus intelligente — que les visées du diable (l'orgueil, au reste, rend idiots en dernier ressort les esprits les plus puissants) et surtout celles des satanistes, les prétentions messianiques des Juifs et les utopies humanistes des maçons**.

Poutine conservateur ou dialecticien marxiste ?

Il est — nous en convenons — tentant d'interpréter tout autrement — de manière plus simple, moins « tordue », plus réaliste, moins farfelue et plus raisonnable — le comportement de Poutine. Libéral-conservateur, il s'efforce, semble-t-il, à reconstruire son pays dévasté par 70 ans de communisme ; il ménage ses nombreux communistes internes en célébrant à grands frais la victoire de l'URSS sur l'Allemagne, afin de les subordonner à son entreprise nationaliste ; il n'avalise la mémoire de la Shoah que dans le même but, afin aussi de ne pas compromettre les rentrées de devises dont son pays a cruellement besoin ; il soutient l'Axe Téhéran-Damas pour contenir les prétentions américaines au Moyen-Orient, il propose un traité de libre-échange avec l'UE afin de la soustraire à l'hégémonie états-unienne, il favorise la reviviscence de la spiritualité orthodoxe, il condamne les débordements immoraux de l'Occident, il met ses oligarques juifs au pas et ne les tolère que dans la mesure où ils servent sa politique extérieure et ne compromettent pas sa politique intérieure, il se donne le temps — moyennant ces concessions à l'esprit du temps — de reconstituer l'empire russe comme superpuissance capable dans l'avenir de rivaliser avec l'Amérique et d'inverser le sens mondialiste de l'histoire, etc. Quand un George Soros, créature des Rothschild, dénonce (sur CNN, le 25 mai 2014), ce qui constitue pour lui les deux plus grandes menaces, à savoir une Europe des populismes recentrée sur la Russie, et une alliance anti-américaine Pékin-Moscou ; quand de surcroît il se vante d'avoir sa place parmi les responsables des événements qui secouent actuellement l'Ukraine, on est véritablement tenté de discerner en Poutine, malgré ses ambiguïtés, un allié objectif, voire un sauveur potentiel, de l'Europe chrétienne enracinée.

Il demeure — quelque apparemment fondée que soit cette interprétation — que le mondialisme capitaliste actuel est en passe de se constituer en capitalisme d'État à l'échelle mondiale, et que le capitalisme d'État ne peut se consommer qu'en communisme. Il demeure aussi que les opérateurs actuels de ce mondialisme (les « Néo-cons » furent trotskystes) agissant selon des formes ultralibérales ne sont pas assez naïfs pour laisser un Poutine supposé nationaliste et réactionnaire mener son propre jeu à leur détriment sans tenter de l'en empêcher, quelles que soient les ruses de ce dernier, et que ce dernier le sait parfaitement. « Ils » n'ont pas laissé, au prix d'une guerre mondiale ravageuse aux issues incertaines, Hitler soustraire l'Europe aux impératifs du mondialisme financier à une époque où ce dernier était beaucoup moins avancé qu'il ne l'est aujourd'hui ; ce n'est pas pour laisser aujourd'hui un nouvel Hitler les rouler dans la farine et restituer, sous l'égide de la Troisième Rome, à l'Europe sa place de centre économique, politique et spirituel du monde. Et Poutine sait cela aussi. Il sait, supposé qu'il soit nationaliste, qu'il n'a pas les moyens d'inverser le sens mondialiste de l'histoire autrement qu'en le faisant se consommer exhaustivement afin ensuite (entreprise au demeurant éminemment aléatoire) de le faire périr d'intumescence. Il sait encore que les mondialistes concoctent actuellement (…) une crise économique en forme de crise de 29 à la puissance 10, qui les habilitera à imposer une monnaie unique mondiale destinée à leur livrer les clés inaliénables des richesses de la Terre. Supposé que Poutine soit effectivement un nationaliste, il peut attendre cette crise afin de se poser en recours pour les nations d'Eurasie qui ne veulent pas mourir. On assisterait alors, en cette hypothèse en apparence opposée à celle qui fut exposée plus haut, au mouvement dialectique suivant : **la mort de l'URSS, précipitant l'avènement du mondialisme bancaire, engendrerait un mondialisme capitaliste d'État, c'est-à-dire un communisme planétaire consommant les vœux objectifs de l'ancienne URSS dont le territoire russe se trouverait providentiellement préservé ; tout se serait passé comme si la Russie s'était libérée du communisme selon un processus ayant eu pour résultat supposé involontaire de communiser le monde. Et ce résultat ne peut pas, sans mauvais esprit mais sans irénisme, ne pas suggérer à l'observateur critique l'idée suivante : c'est sciemment peut-être que l'URSS aurait pu se saborder, afin de faire advenir — conformément aux lois dialectiques de la logique marxiste qui l'inspirait — ce dont elle se voulait depuis 1917 la préfiguration nationale provisoire.** *Et il serait téméraire d'exclure* a priori *que Vladimir Poutine — formé à l'Institut Andropov (lequel dirigeant fut l'initiateur de la Perestroïka) et colonel du KGB en Allemagne de l'Est pendant des décennies — y eût jamais pensé. Peut-être même pourrait-il se révéler un jour suicidaire pour les Européens d'exclure* a priori *qu'il eût pu y participer.* Il faut bien avouer, non sans un soupçon de procès d'intention, que si Poutine avait envisagé d'agir en communiste, il ne se fût pas comporté autrement qu'il ne le fait aujourd'hui en adoptant partiellement (et partiellement seulement) la posture de champion du nationalisme russe et des nationalismes européens. Aussi bien se pourrait-il, supposé que les observations qui précèdent ne relèvent pas du délire, que les analyses d'Anatoly Golitsyne (*The Perestroïka Deception*, 1995) fussent plus que jamais actuelles au moment même où les manœuvres convaincantes du tsar poutinien les rendent apparemment plus ridiculement dépassées : « l'effondrement du Parti communiste soviétique ne fut ni un accident de l'histoire ni le soudain épanouissement de la démocratie. Il fut le résultat d'un plan minutieusement préparé <dès les années 1970 sous Andropov>, conçu par l'élite du Parti et exécuté par la direction d'un département secret du Comité central, le département international » (Pascal Bernardin).

Complotisme, analyses philosophiques et précisions théologiques

Pour un catholique, le mystère d'iniquité est à l'œuvre dans le monde humain depuis toujours, de sorte qu'il serait pour le moins présomptueusement léger d'ignorer l'existence de forces préternaturelles diaboliques, manipulées par des agents sataniques et satanistes, au cours de l'histoire. Mais ces pouvoirs eux-mêmes ne peuvent se soustraire aux lois de l'ordre naturel matériel et spirituel ; tout au plus (n'étant pas des pouvoirs de réaliser des miracles, dont seul l'Auteur de la Nature est capable) de tels agents sont-ils à même — en les connaissant mieux que tout homme — de les exploiter à des fins antinaturelles. Plus généralement, les complots (qui sont bien réels) sont tout au plus, dans le concert des causes suscitant les événements et tournants historiques, autant de déterminations ponctuelles et adventices relevant de la cause efficiente, mais non de la cause formelle (dont la cause efficiente est l'instrument de communication), laquelle est à chercher dans la logique objective des idées façonnant l'esprit des hommes. **Si le démon, les satanistes, les Juifs et les maçons n'existaient pas, le subjectivisme produirait peu ou prou, de manière peut-être moins rapide et moins ravageuse, les mêmes résultats que**

ceux qu'il nous est donné de constater en notre temps. Et ce mal radical qu'est le subjectivisme peut naître en tout être d'esprit, dès lors que l'être d'esprit (ange ou homme) est nécessairement libre : donné à lui-même, il dispose de soi, pour le meilleur et pour le pire. S'il existe bien une histoire secrète ignorée de l'histoire ordinaire, la première ne saurait entretenir à l'égard de la seconde le rapport de la vérité à l'apparence trompeuse ; cette dernière ne concerne que l'histoire officielle écrite par les vainqueurs et les manipulateurs médiatiques et stipendiés d'opinion, et il convient de la distinguer de ce qui est ici nommé l'histoire ordinaire : l'histoire officielle est mensongère, l'histoire ordinaire est toujours lacunaire mais vraie pour l'essentiel. L'histoire ordinaire est éclairée et complétée par l'histoire des crypto-acteurs complotistes, mais celle-ci n'a pas vocation à se substituer à celle-là, car c'est à l'aune de la première que les données de la seconde doivent en dernier ressort être mesurées, parce que c'est en elle qu'elles prennent ultimement leur sens. Par-delà les calculs machiavéliens et jeux en trompe-l'œil des sectes, officines secrètes et groupes de pression divers, c'est la logique des idées qui mène la bande des événements historiques ; c'est la logique des idées qui inspire les complots eux-mêmes ; c'est l'idéologie juive, c'est la teneur objective du subjectivisme, de l'esprit démocratique, du capitalisme et du socialisme — tous pris dans leurs concepts respectifs — qui rend raison des dispositifs — secrets ou publics, préternaturels ou purement humains — destinés à réaliser de telles idées. Or il a été suggéré ici que l'analyse de ces idées, conjuguée à la connaissance des faits qui nous sont accessibles, ne plaide pas en faveur d'une victoire du mondialisme judéo-maçonnique ou religieusement luciférien sur le communisme, mais en faveur de la thèse contraire. Il n'est donc pas complètement dérisoire, en dépit des apparences dont se nourrit le « bon sens », de supposer qu'un Poutine aurait pu le comprendre, et le comprendre beaucoup plus aisément que les banquiers mondialistes gorgés de suffisance, du fait de sa formation marxiste. Quant au démon, quelque gâtée que soit par l'orgueil sa prodigieuse intelligence, il sait que l'athéisme éloigne de Dieu plus que l'antithéisme.

Pour exposer les choses plus trivialement, nous dirons que nous ne nous opposons nullement aux analyses pertinentes et courageuses d'un Pierre Hillard par exemple (*Chroniques du mondialisme*)[4] qui rappelle opportunément que des projets sataniques (et le judaïsme est bien satanique, puisque saint Jean — dans l'Apocalypse II, 9 et III, 9 — évoque la « Synagogue de Satan ») ne peuvent avoir que des remèdes surnaturels, tout en faisant observer que les rabbins du monde entier (le 23 septembre 2012) ont appelé la venue du « Messie » (en lequel les catholiques sauront discerner l'Antéchrist), considérant que

---

[4] Dans ses conférences, Pierre Hillard rappelle opportunément que lors de la réunion du 28 janvier 2014 entre les autorités de Bruxelles et celles de Russie, Igor Chouvalov, premier vice-Premier ministre du gouvernement russe, avait bien précisé que ce projet d'union (dont le résultat réactif fut la suscitation par les États-Unis des troubles en Ukraine) eurasiatique allant de Lisbonne au Pacifique avait pour modèle non la structure de l'Union soviétique, mais celle de l'Union européenne ; mais cela ne prouve nullement que les deux projets seraient incompatibles. Dans son souci de dénoncer les origines mondialistes du projet d'union transatlantique actuellement en cours, destiné à contrer toute velléité d'union eurasiatique, Pierre Hillard nous rappelle en effet, opposant — en termes orwelliens — « Eurasia » à « Oceania », que ce projet transatlantique date en fait de 1939 : il fut exposé par Clarence Streit, bénéficiaire d'une Bourse d'étude de la fondation Cecil Rhodes (lequel était lié aux Rothschild maîtres de la City) et soutenu par Roosevelt, et il avait pour titre : « Unité fédérale des démocraties de l'Atlantique-Nord » ; or un autre bénéficiaire plus récent de ces Bourses d'étude concédées par la Fondation Cecil Rhodes n'est autre que **Bill Clinton, qui fit, en pleine guerre froide, son stage de fin d'études à Moscou, en 1970** ; qu'est-ce à dire, sinon que le mondialisme américain a non seulement entretenu les rapports les plus ambigus avec le communisme (cela relève aujourd'hui du lieu commun), mais encore qu'il n'est pas du tout exclu que cette éclipse ostentatoire du communisme en URSS aurait fort bien pu être concoctée aussi bien par les Maîtres marxistes du Kremlin que par les maçons mondialistes de Wall Street, mais dans des buts évidemment opposés ? Et qui pourrait alors tenir pour évident que, des deux frères ennemis que sont les capitalistes et les communistes, les capitalistes seraient les plus malins ?

les temps étaient mûrs pour cela[5]. De tels rappels insistent à bon droit sur le fait que les affaires de l'ordre naturel trouvent toujours dans l'ordre surnaturel seul la raison dernière de l'efficace de leurs lois de succession. Ce que modestement nous voudrions souligner ici, c'est que l'ordre surnaturel ne se substitue pas à l'ordre naturel, et que les desseins surnaturels se médiatisent dans des causes naturelles, et que les desseins préternaturels se médiatisent dans une corruption des causes naturelles et dans une subordination de ces dernières — avec leur logique propre — à des fins antinaturelles : il n'est pas possible de violer l'ordre surnaturel sans violer aussi l'ordre naturel, puisqu'il est contre nature de refuser la grâce (*Somme théologique*, IIᵃ IIᵃᵉ q. 10 a. 1). De sorte que si le démon s'oppose à tout ce qui est catholique, il se subordonne ou tente de se subordonner toutes les instances (même sans qu'elles le sachent) humaines (Juifs, maçons, humanistes, matérialistes, hédonistes, néo-païens, occultistes, républicains, marxistes, protestants, « catholiques » modernistes, adeptes de fausses religions ou de religions schismatiques…) en les faisant agir selon leur logique propre. Et à notre sens le marxisme est, pour les hommes, la forme naturellement (par opposition à l'ordre surnaturel) la plus accomplie qui soit du refus de Dieu, lequel consiste à convertir le désir de Dieu en désir d'être Dieu. Si le camp du Bien est un, celui du Mal est pluriel et divisé contre lui-même ; les méchants sont en compétition les uns avec les autres, chacun ne favorisant son frère ennemi que pour abattre le camp du Bien, mais aspirant à se subordonner ses frères ennemis ou amis stratégiques à sa fin propre. Le diable est opposé à Dieu, et aussi

---

[5] « Enfin n'est-il pas permis de croire que cet homme puissant et pervers, qui étreindra le monde dans les serres d'un despotisme sans nom et sans mesure, et qui unifiera le genre humain par la servitude des consciences et l'abaissement des courages, sera le personnage dépeint et prédit par saint Jean comme l'Antéchrist, et qu'il sera l'homme dont la divine Providence aura voulu se servir pour désabuser Israël qui l'aura un instant salué comme son Messie et roi ? » (Abbé Arminjon, *Fin du monde présent, Mystères de la vie future*, 1881, ESR, 2007, p. 80).

les hommes mauvais ; **et si toutes les formes humaines de subversion sont en compétition les unes avec les autres, le diable et elles le sont aussi entre eux**, car les hommes ne sauraient se déifier en consentant à se subordonner sans retour au diable ; la raison dernière de la perversité des hommes méchants n'est pas dans le diable mais dans le mystère de la liberté de chaque homme. Supposé que certains hommes en soient venus à se faire les disciples du diable, c'est en dernier ressort pour se soustraire à sa domination ; une certaine forme (gnosticisante) d'athéisme se révèle ultimement vérité de l'antithéisme. Ainsi donc, de même que l'historien lucide n'a pas vocation à substituer (il doit l'intégrer seulement) l'histoire secrète événementielle à l'histoire ordinaire (celle qui opère selon des méthodes rationnelles et scientifiques), de même, pour un regard théologico-politique rationnel sur l'histoire contemporaine, les causes préternaturelles n'ont pas vocation à être substituées aux causes naturelles (la logique des doctrines perverses), et les causes surnaturelles (interventions divines) n'ont pas vocation à se substituer aux causes naturelles (la logique des doctrines vraies). Si le marxisme est bien la forme la plus radicale et la plus logique du refus humain de Dieu, plus que toutes les autres (plus même que le judaïsme, l'humanisme maçonnique et autres formes de mondialisme), alors c'est en et par lui que s'accomplira l'avènement de l'Antéchrist. Faire mémoire du testament de saint Rémi et de la geste de sainte Jeanne d'Arc, d'une part, et des pactes passés avec Satan (explicites ou implicites comme dans la constitution du judaïsme antichrétien) d'autre part, c'est assurément une initiative précieuse pour qui sait lui reconnaître sa juste importance, mais cela ne dispense pas d'évaluer à l'aune de la simple raison la mesure de l'excellence ou de la perversité intrinsèques des doctrines philosophiques auxquelles souscrit, sous l'injonction de leur liberté, l'intelligence des hommes. Il y a un quelque chose d'irrévocablement *particulier* dans le judaïsme, qui ôte à la perversité de son antichristianisme la possibilité de *s'universaliser*, ainsi de se radicaliser, par là de se conférer toute la portée efficace de l'orgueil qui l'inspire : seul le peuple juif se déifie en s'intronisant Médiateur ou Christ collectif, les goïms subissent cette inversion sans y prendre part activement. Et il subsiste quelque chose de dérisoirement « innocent » dans la perversité du mondialiste sataniste (un monde homogénéisé par l'hédonisme scientiste et subordonné à la gloire de Satan servi par le « sacerdoce » de « Supérieurs inconnus »), qui n'exerce son orgueil qu'en changeant de maître et sans remettre en cause la vocation des hommes à être les sujets d'un Prince. Seul l'athéisme marxiste propose une formule idéologique habilitant le genre humain en entier à se déifier de manière universelle et effective.

Conclusion

Au reste, le catholique ne peut se dispenser de se souvenir de ceci : la Très Sainte Vierge a bien annoncé à Fatima que la Russie continuerait à répandre ses erreurs sur le monde aussi longtemps que cette dernière ne serait pas solennellement consacrée par le pape et par tous les évêques du monde unis à lui ; ce qui n'est toujours pas accompli à ce jour. Or quelle peut bien être, à l'époque contemporaine, cette erreur spécifiquement russe, sinon le communisme ? Cela dit, y aura-t-il encore un pape pour procéder un jour à cette consécration ? Et y aura-t-il encore un seul chef d'État potentiel pour comprendre, par delà les apparences, les manœuvres des uns et des autres à la lumière de la métaphysique et de la dialectique ? De plus, il est certes moins peccamineux, du point de vue du catholique, d'être schismatique orthodoxe que communiste. Mais on peut légitimement se demander, supposé même que la Russie actuelle n'ait plus rien à voir avec la Russie soviétique, s'il est possible de s'extirper de ce mal radical qu'est le communisme athée autrement qu'en se réfugiant sans retour dans le giron de la vérité entière, qui est le catholicisme. À mal radical, remède radical ; un remède imparfait, loin de vaincre le mal, le renforce ; il le rend plus malin, plus insidieux et plus virulent.

Il reste que l'histoire est tissée d'événements contingents, qu'elle est de ce fait non prévisible de manière apodictique ; s'il est rationnel qu'il y ait de l'irrationnel (il est rationnel qu'il y ait du hasard dans le processus d'avènement des essences dont le monde matériel est pétri, il est rationnel que l'intelligence qui meut la volonté soit en retour mue par la liberté), c'est néanmoins d'irrationnel (ainsi de rationnel seulement partiel) qu'il est question en histoire. Pour paraphraser Marx, si les hommes ne savent pas l'histoire qu'ils font, ce sont quand même eux qui la font, avec leur liberté indérivable. De sorte que bien malin serait celui qui pourrait se targuer de trancher entre deux hypothèses formulées sur l'avenir. Peut-être après tout la Russie a-t-elle définitivement donné son congé au communisme ; peut-être Poutine ne se dit-il démocrate et sioniste, et antirévisionniste et antifasciste, que par prudence et faute de jouir actuellement d'une force militaire et économique suffisante pour lever le masque et déclarer la guerre au mondialisme.

Dès lors, modestement et sans prendre parti de manière catégorique, nous nous contenterons de faire observer, en guise de conclusion, que la question de la bonne foi de Vladimir Poutine mérite d'être posée, et que nous espérons voir bientôt notre sombre hypothèse et nos amères préventions démenties par l'histoire.

Annexe 1 : Esprit démocratique, mondialisme et communisme

« Le législateur est à tous égards un homme extraordinaire dans l'État. S'il doit l'être par son génie, il ne l'est pas moins par son emploi. Ce n'est point magistrature, ce n'est point souveraineté. Cet emploi, qui *constitue* la république, *n'entre pas dans sa constitution* ; c'est une fonction particulière et supérieure qui n'a rien de commun avec l'empire humain. » « Celui qui ose entreprendre d'*instituer* un peuple doit se sentir en état de *changer pour ainsi dire la nature humaine*, de transformer chaque individu qui, par lui-même, est un tout parfait et solitaire, en partie d'un plus grand tout *dont cet individu reçoive en quelque sorte sa vie et son être* ; d'altérer la constitution de l'homme pour la renforcer… il faut, en un mot, qu'il ôte à l'homme ses propres forces pour lui en donner *qui lui soient étrangères, et dont il ne puisse faire usage sans le secours d'autrui. Plus ces forces naturelles sont mortes et anéanties, plus les acquises sont grandes et durables, plus aussi l'institution est solide et parfaite* ; en sorte que *si chaque individu n'est rien, ne peut rien que par tous les autres*, et que la force acquise par le tout soit égale ou supérieure à la somme des forces naturelles des individus, on peut dire que la législation est au plus haut point de perfection qu'elle puisse atteindre » (Jean-Jacques Rousseau, *Contrat social*, II 7). **Il s'agit évidemment de l'État totalitaire entendu comme tyrannie de tous sur tous, qui substantifie la société en réduisant l'individu à néant, mais afin de promouvoir et même de déifier l'individu en lui donnant comme statut substantiel de substitution celui-là même de la société supposée, elle, être créatrice de l'homme. Et parce que la société n'est de fait jamais substance, mais dépend de ceux qu'elle intègre, alors, en donnant à la société le pouvoir de créer l'homme (c'est-à-dire l'homme « nouveau »), on signifie par là que l'homme devient créateur de lui-même, que sa souveraineté est absolue : tel est l'idéal du communisme, qui consomme les promesses de la démocratie inspirée de Rousseau. Parce que des petits absolus sont nécessairement égaux, ils doivent le devenir pratiquement, progressivement, non seulement quant aux droits mais dans les faits. C'est la tyrannie de tous sur tous, le dessus du panier n'est que l'écume de la plèbe. Le peuple plébiscite la tyrannie qui l'écrase parce qu'il reconnaît en elle, d'instinct, l'expression de sa propre souveraineté.** Et la propriété privée doit nécessairement disparaître, qui par nature confère à l'homme une indépendance relative excluant qu'il ne soit et ne puisse quoi que ce soit que par les autres. Il est aisé sous ce rapport de comprendre que l'idéal de liberté absolue prôné par l'esprit démocratique et subjectiviste (celui de l'Occident décadent) se consomme en communisme égalitaire.

Les citations de Baruch Lévi et de Primo Levi évoquées ici dans la rubrique « **Juifs (par eux-mêmes)** » nous aident à comprendre que le mondialisme, quels que soient ses opérateurs — Juifs, maçons, satanistes ou autres — ne peut être réalisé que dans une perspective communiste. Le bien, l'être et l'un sont convertibles, de sorte que le mal est privé d'unité : il y a nécessairement des dissensions (telle l'opposition entre la « tribu » des Rothschild et celle des Rockefeller, récemment illustrée par la chute de DSK, agent des Rothschild et devenu, depuis cette chute, conseiller économique dans les pays de l'Est) entre les opérateurs du mondialisme. **Toute la question est de savoir si Vladimir Poutine s'oppose au mondialisme, ou s'il est l'un des opérateurs du mondialisme en conflit avec d'autres opérateurs, feignant momentanément d'être antimondialiste pour abattre ses rivaux.** Le mal n'a pas d'unité positive, mais il a une unité négative : les rivaux s'unissent contre le bien dont ils sont la négation polymorphe ; capitalistes et communistes, frères ennemis, se sont ainsi ligués contre le national-socialisme il y a 70 ans ; quelque imparfait qu'il ait pu être au regard des exigences de l'ordre catholique, il avait aux yeux des Maîtres de la Terre le défaut absolument dirimant de n'être pas subjectiviste et de nourrir la prétention exorbitante de faire retour, sinon à l'ordre surnaturel, à tout le moins à l'ordre naturel. Si Vladimir Poutine est aujourd'hui le sauveur providentiel de l'Europe traditionnelle, il verra se liguer contre lui l'Europe libéralo-maçonnique, la Corée du Nord, la Chine (laquelle, au passage, est de plus en plus ouverte au thème de la « Shoah », ce qui, entre autres choses, la rapproche de Poutine), le Sud-est asiatique libéral, Israël et les États-Unis. Aussi longtemps qu'une telle ligue de « bien-pensants » ne se constitue pas, il sera permis de rester perplexe à l'égard des intentions réelles de Poutine.

Annexe 2 : Eurasisme et mondialisme

Les observateurs bien informés (mais autre chose est la qualité de l'information, autre chose l'aptitude à en dégager le sens ultime vrai) font observer qu'actuellement la politique de Vladimir Poutine est la réalisation pratique de l'idéologie eurasiatique. Cette dernière — en vérité le néo-eurasisme — est développée par Alexandre Douguine, à propos de laquelle la Nouvelle Droite d'Alain de Benoist et la « Troisième voie » d'Alain Soral nourrissent les plus grands espoirs ; elle suscite même l'enthousiasme dans les rangs maurrassiens de l'Action française et bonapartistes de l'Œuvre française. À la droite de la Droite, c'est-à-dire à droite, tout ce qui est anti-américain, pense-t-on, est nôtre, parce que les ennemis de nos ennemis sont nos amis.

Si, conformément à ce qui fut développé ici plus haut, les acteurs de l'Histoire les plus déterminants sont en dernier ressort les idées, avec leur logique propre, qui habitent la tête des hommes, il est opportun de s'interroger sur la logique semblant sous-tendre cette singulière vision du monde, laquelle obéit, comme on le verra, à des principes n'ayant rien de très original.

Tout d'abord, Alexandre Douguine se veut géopoliticien :

La géographie, de manière générale, est l'indication d'une identité collective déterministe, en ce sens que l'espace est la spatialisation d'une vision du monde, l'individuation d'une idée ; ainsi la géographie du « troisième continent », entre l'Occident décadent et l'Asie, définit sa destinée, par là son essence (la nature d'une chose est sa fin) qui est une vocation à dominer le monde en substituant son hégémonie à celle de l'Amérique. Les populations limitrophes de la Russie centralisée et antilibérale doivent lui être assimilées ; l'Europe de l'Ouest est condamnée soit à demeurer — en y perdant définitivement son âme — sous la coupe des États-Unis, soit à reconnaître l'imperium bienfaisant de la Russie seule habilitée à revitaliser sa spiritualité adultérée par le matérialisme consumériste. La Russie éternelle est au fond la conscience de soi de la tellurocratie en lutte depuis toujours contre la thalassocratie anglo-saxonne. Toute prétention germanique à l'hégémonie européenne sur le monde est perçue par Douguine telle une captation indue de la vocation russe ; les chefs de l'Ukraine de l'Ouest (en particulier les membres du mouvement Svoboda, explicitement national-socialiste), gardant mémoire de l'Holomodor opéré par Staline, ainsi peu enclins à subir un protectorat russe, traitent selon Douguine les russophones de l'Est d'une façon qui « rappelle les pires moments du IIIᵉ Reich, qui a été célébré sur le Maïdan, avec des portraits d'Hitler et des croix gammées » (déclaration du 27 avril 2014 faite à Veronika Dorman pour le journal *Libération*). « D'ailleurs, les Européens devraient faire attention : les Américains ont libéré le génie de l'ultranationalisme, du nazisme, dans le but de transférer ensuite cette situation en Europe » (*idem*, Douguine). Soit : les Russes sont le seul recours pour les Européens de l'Ouest aspirant à se libérer de la férule américaine, les reviviscences fascistes ne sont jamais que des naïvetés de nationalistes européens instrumentalisés par les ruses judéo-américaines, elles s'inscrivent dans les manœuvres « orangistes » de George Soros et de BHL. Elles ne sont suscitées que pour affaiblir cette sainte Russie qui effraie les mondialistes de Wall Street, et pour instaurer de manière concomitante des troubles dans l'Union européenne afin ensuite de la soumettre définitivement à et par les forces américaines. De sorte que toute velléité nationaliste d'affranchissement des prétentions russes n'est qu'un mouvement d'humeur irrationnel qui sert objectivement les intérêts du monde anglo-saxon. D'où l'hostilité de la Nouvelle Droite et des admirateurs d'Alain Soral à l'égard des nationalismes traditionnels d'Europe, catholiques souvent et toujours hostiles à l'islam, supposés être tous financés par le lobby sioniste, et se réduire à une cohorte peu éclairée, nostalgique et chimérique, d'idiots utiles.

Ensuite, Douguine prône un dépassement du réductionnisme bolchévique par trop matérialiste, et de la slavophilie traditionnelle par trop ritualiste et passionnellement figée, ainsi une intégration de ces derniers dans une réalité qui les conserve en les sublimant. Cette réalité est issue de l'ésotérisme et d'une mystique œcuméniste : guénonisme, orthodoxie, néo-droitisme nominaliste et historiciste, occultisme, islam, bouddhisme et même judaïsme (hassidisme du rabbin Avraam Chmoulevitch, dirigeant du mouvement Beat Artzein). Il s'agit tout simplement d'une reviviscence de la gnose, et d'une gnose messianique. Notons au passage que Chmoulevitch entend bien, appuyé par Poutine, cultiver la mémoire de l'Holocauste afin de faire payer très cher aux populations des anciens satellites socialistes (Ukraine, Pologne, Pays baltes entre autres) leurs sympathies passées pour l'Allemagne hitlérienne et les crimes réels ou controuvés qu'elles auraient commis sur les Juifs et les Slaves. Notons aussi que tout œcuménisme est au moins implicitement gnostique, si l'on entend par gnosticisme — ainsi qu'il convient de le faire — toute doctrine promouvant l'idée d'un groupe d'élus (ainsi d'initiés se sauvant par une connaissance démiurgique), voire d'un peuple messianique entendu telle l'incarnation du divin, de sorte que ce groupe humain se veut la conscience de soi d'un Dieu qui, en retour, a besoin de l'homme pour être Dieu. En effet, l'œcuménisme connote toujours l'idée qu'il existerait une sagesse transcendant toutes les religions historiquement constituées, y compris les religions se déclarant révélées, chaque religion ne possédant qu'une partie de la vérité. Dans cette perspective, de deux choses l'une. Ou bien toutes les religions sont autant d'inventions imparfaites des hommes du passé, tout en se voulant autant d'expressions d'une même sagesse éternelle qu'il s'agit de dégager à partir de celles-là, mais alors, en les inventant, l'homme n'a fait que s'adorer lui-même en elles, de sorte que, comme l'enseignait Feuerbach, « *homo homini Deus* » ; l'homme est un dieu pour l'homme parce que le divin n'est pas ailleurs qu'en l'homme. Ou bien les religions historiques sont toutes autant de révélations imparfaites d'un Dieu qui n'est parvenu à s'exprimer, à se révéler adéquatement, en aucune, de sorte que c'est à l'homme qu'il appartient, par l'herméneutique, d'en dégager le noyau véritablement divin qui les a toutes inspirées. Cela dit, s'il existe une Révélation, elle est révélation de Dieu tel qu'Il est en Lui-même indépendamment de Sa Révélation, autrement elle est un mensonge ; et si Dieu est incapable de se dire univoquement en une religion véritablement absolue (non relative à l'homme), c'est que ce Dieu est au fond incapable de se dire à lui-même ce qu'il est, par là de se connaître lui-même par lui-même ; mais l'absoluité définitionnelle de Dieu exige sa simplicité, de sorte qu'en Dieu être et connaître sont une même chose ; suggérer que Dieu ne saurait se connaître que par les hommes, c'est faire de ces derniers autant d'hypostases consubstantielles à Dieu qui, en retour, est en attente de leur initiative pour être absolument divin.

Déjà Vladimir Soloviev, ami de Dostoïevski, plaidait au XIXe siècle en faveur de cette thèse selon laquelle la Russie avait vocation à réaliser le royaume de Dieu sur terre, par le moyen d'un œcuménisme théocratique mêlant orthodoxie, catholicisme, et même protestantisme. Il faisait écho sous ce rapport à Dostoïevski lui-même : « Tous les hommes doivent devenir russes, d'abord et avant tout devenir russes. Puisque le cosmopolitisme est une idée nationale russe, il importe avant tout que chacun devienne russe » (cité par Oswald Spengler dans *Années décisives*). « Savez-vous quel est à présent le seul peuple déifère, le seul peuple appelé à renouveler le monde, à le sauver au nom d'un Dieu nouveau ? Ce peuple est le peuple russe » (Dostoïevski, dans *Les Possédés*). Dans *Défense de l'Occident* (Paris, Plon, 1927), Henri Massis (à l'ouvrage duquel nous empruntons les citations qui précèdent) rappelle les propos suivants de Dostoïevski, cités avec éloge par Thomas Mann : « Si les Allemands n'ont jamais exprimé leur doctrine et leur idéal propre pour les substituer de façon positive à la vieille idée romaine ébranlée par eux, je crois qu'ils seront un jour en situation de prononcer ce mot, rayonnant de nouveauté, et par là de prendre décidément la tête de l'humanité supérieure. Lors de la révolte luthérienne, la voix de Dieu tonna en eux sur le monde pour lui annoncer la libération de l'esprit. Le mode de protestation était trouvé, bien que celle-ci demeurât négative encore et que la parole libératrice positive ne fût toujours pas prononcée » ; aussi Dostoïevski reprochera-t-il à l'Allemagne son « luthérianisme inconséquent » ; malgré ses réticences, il était partisan d'une alliance entre la Russie et l'Allemagne, et pensait qu'une telle alliance serait de longue durée, et serait plus nécessaire à l'Allemagne qu'à la Russie. Mais depuis, Hitler s'est manifesté — et avec lui les espoirs catholiques et médiévaux d'unification de la chrétienté sous l'égide d'une reviviscence du Saint-Empire romain germanique, à la fois latin et allemand, au rebours des aspirations irrationalistes et slavisantes, judéomorphes et passionnelles, potentiellement gnosticisantes (parce que volontaristes et subjectivistes) du luthérianisme. De sorte que tout rapprochement avec une Allemagne forte est désormais exclu par les héritiers eurasiatiques de la slavophilie ; seule la Russie théophore a vocation à sauver le monde, par le moyen d'un œcuménisme qui ne prend sens que dans une perspective universaliste, ainsi mondialiste dès lors que cet universalisme se veut immanentiste : « Devenir véritablement et complètement russe, cela signifie peut-être devenir le frère de tous les hommes, un omni-homme, si vous voulez… Et par la suite, je le crois, nous ou plutôt ceux qui viendront, comprendront que devenir un vrai Russe signifie justement s'efforcer de résoudre les contradictions européennes, montrer que l'inquiétude de l'Occident a pris fin dans leur âme de Russes, accueillir dans cette âme tous leurs frères avec un égal amour, et aussi, peut-être, prononcer la parole définitive de la grande harmonie générale, de la concorde fraternelle de toutes les races dans la loi évangélique du Christ » (Dostoïevski, discours fameux sur Pouchkine). Conformément aux prédictions échevelées de Joachim de Flore, moine calabrais du XIIᵉ siècle et matrice de tous les révolutionnarismes immanentistes, aux Églises du Père (celle de l'Ancien Testament) et du Fils (celle du Nouveau Testament) devra succéder l'Église de l'Esprit, la religion des cœurs, dont la Russie est, pour Dostoïevski (qui rendait le catholicisme responsable de la déchéance de l'Occident, le réduisant à la conquête politique antichrétienne du monde sous la domination de Rome), Soloviev et Douguine, l'annonciatrice et l'opérateur pour le XXIe siècle naissant.

On dira qu'il ne s'agit là que d'outrances littéraires, de vaticinations circonstancielles expressives de la fierté d'un grand peuple opprimé par le matérialisme de l'Occident libéral (allemand, anglais, français au XIXe siècle, états-unien au XXe siècle), et qu'il ne convient pas de chercher midi à quatorze heures ; que la Russie demeure le rempart contre l'hégémonie judéo-américaine quelque malheureusement inspirées que soient ses manières de rendre raison de sa vocation libératrice future ; que « chercher la petite bête » en usant d'arguties supposées philosophiques relève de la sophistique ; qu'au reste tout grand peuple a toujours aspiré à l'hégémonie mondiale, et que cette prétention hégémonique n'est pas nécessairement mondialiste, encore moins fatalement communiste ; qu'il est préférable pour l'Europe d'être la vassale d'une nouvelle Rome (la « Troisième », selon le moine Philothée) que l'esclave d'une nouvelle Carthage.

Nous répondrons qu'en effet l'aspiration à l'imperium planétaire n'est pas nécessairement porteuse de mondialisme pris au sens contemporain du mot (constructivisme hédoniste), mais à la condition suivante : que soit reconnue à l'homme une vocation transcendante excluant que soit jamais envisagée la réalisation du paradis sur Terre, et que cette hégémonie soit respectueuse de l'ordre naturel des choses, soit ainsi promotrice d'un ordre politique capable d'harmoniser l'ordre naturel et l'ordre surnaturel en faisant droit à toutes les exigences de chacun d'eux. Parce qu'il est le seul à avoir su thématiser conceptuellement les conditions de cet hymen entre nature et surnature, excluant par là tout volontarisme, tout ésotérisme, tout occultisme, tout irrationalisme, le catholicisme est la seule vision du monde capable de promouvoir politiquement les conditions temporelles intègres d'une telle hégémonie. Et l'histoire passée a dégagé ces conditions politiques dans la genèse du Saint-Empire romain germanique. Il n'est pas douteux que puissent être discernés dans certains aspects de l'hitlérisme des éléments de volontarisme et de gnosticisme messianique (peuple élu, race de seigneurs, Christ collectif paradoxalement judéomorphe voué à réaliser une nouvelle Atlantide à connotation naturaliste et naturiste), mais ces aspects fâcheux ne sont pas liés à l'essence de l'hitlérisme ; ils sont l'effet malheureux de l'autoritarisme imbécile, surnaturaliste, théocratique et démocrate-chrétien, « ralliementiste » (dans le sillage de Léon XIII) et « apostolomaniaque » de Pie XI, lequel contraignit Hitler à s'appuyer sur les rescapés illuminés de la Thule-Gesellschaft, faute de pouvoir compter, malgré le Concordat de 1933, sur la fidélité des masses catholiques allemandes. Faut-il rappeler que le IIIe Reich, d'inspiration autrichienne et bavaroise, ne tire nullement ses principes de la Prusse protestante à relents slaves ? Notre avis est donc que, s'il se sauve jamais, l'Occident se sauvera **seul** contre le mondialisme anglo-saxon, contre l'avidité haineuse du Tiers-Monde, mais *aussi contre le prophétisme slavophile*, en adaptant l'idée impériale germanique aux conditions nationales de la modernité ; telle serait cette grande Europe, axe naturel du monde, dont celle de Bruxelles est l'ignoble caricature, laquelle, à ce titre même, fait pourtant mémoire d'une vérité captive. Par ailleurs, un universalisme immanentiste (la « religion des cœurs » dont la slavophilie en sa version eurasiatique est l'avatar le plus récent) est nécessairement mondialiste, parce qu'il est subjectiviste :

Tout messianisme collectif est un subjectivisme, car faire d'un peuple l'immanence de Dieu dans l'Histoire revient à absolutiser la subjectivité de chacun de ses membres, dès lors qu'un peuple n'est pas une substance, mais un composé de substances individuelles, ainsi de personnes qui seules lui donnent d'exister. Et tout subjectivisme est nécessairement, en dernier ressort, constructiviste et hédoniste, même s'il ne naît pas consciemment sur le terreau de l'hédonisme, même s'il s'érige en se voulant son antithèse, pour cette simple raison qu'un subjectiviste, par définition, absolutise sa subjectivité, par là l'intronise bien suprême, tel un bien qui soit seul à être aimé pour lui-même, ainsi tel un bien qui se subordonne tous les autres. Mais la subjectivité ne peut être l'apanage que d'un individu, qui se trouve absolutisé quand elle l'est, ce qui enjoint au subjectiviste d'exclure tout bien commun, c'est-à-dire tout bien diffusif de soi, tout bien qui s'offre à aimer tel un bien auquel on se rapporte. Réduit en dernière instance à ne se satisfaire que de biens privés, le subjectiviste ne peut que s'adorer dans la recherche indéfinie des biens matériels, lesquels, divisibles et non participables (au rebours des biens spirituels habilités à être tout entiers en chacun sans avoir à être divisés), excluent toute autre espèce de biens que ceux de l'hédonisme. Et les développements qui précèdent dans le corps du présent travail ont donné les raisons qui font qu'un subjectivisme ne se consomme ultimement qu'en communisme : entre des petits absolus ne peut exister qu'un rapport d'égalité ; entre des petits absolus n'aspirant qu'à des biens matériels, ne peut exister qu'un rapport d'égalité stricte exigeant corrélativement une égale répartition de tous les biens matériels. Et tel est le communisme.

Quand l'ivrogne est malade par suite de ses excès lui révélant objectivement la valeur réelle de ces faux biens en lesquels il s'est complu, il éprouve comme un dégoût momentané pour sa drogue ; mais si cette période de sevrage forcé n'est pas accompagnée d'un effort consistant à apprendre à aimer un bien plus conforme aux exigences droites de sa nature, le débauché retombera toujours dans son vice ; le souvenir de ses réveils douloureux consécutifs à ses « cuites » passées lui enjoindra, pour se livrer derechef à ses excès, d'habiller son vice d'apparences illusoires, ainsi par exemple de changer d'alcool ou de drogue, ou d'en changer l'aspect. Mais la drogue reste de la drogue. Paré des grandeurs affectives et de cette illusion de profondeur inhérente à l'occultisme de l'eurasisme, le subjectivisme reste un subjectivisme hanté par une logique mortifère à laquelle celui qui s'absolutise ne saurait échapper. Le subjectiviste est celui qui se prend pour fin. Un temps, longtemps peut-être, il s'étourdit dans les biens matériels, se divertit en eux, cèle en ces jouissances renouvelables le sens profond de son engagement orgueilleux, croit discerner en ces biens sensibles la raison de sa jouissance, alors qu'en vérité c'est la jouissance de soi-même — l'exaltation de sa liberté — qu'il célèbre en eux : **ce n'est pas tant leur consommation qu'il recherche, que l'occasion de se prendre pour fin ; il ne les rapporte pas à soi pour en jouir, il en jouit parce qu'il les rapporte à soi**. Et sous ce rapport il est déjà potentiellement collectiviste, exigeant implicitement l'égalité des biens matériels comme corrélat obligé de l'égalité des subjectivités absolues. Mais la logique du subjectivisme ne s'arrête pas là, elle peut même à la limite sauter cette phase hédoniste en laquelle pataugent aujourd'hui les Occidentaux décadents. Le subjectivisme est en son fond un nihilisme : fascination du vide en lequel se mire le moi pur. Et, en dehors du suicide (tel celui de Kirilov, dans *Les Possédés*), la phase finale du nihilisme est cette espèce de collectivisme qui peut se payer le luxe de n'être même plus essentiellement consumériste : fusion du moi individuel dans la collectivité substantifiée, affirmation de soi dans sa négation — expression suprême de la puissance, acte de se maintenir dans la négation de soi, acte de vivre la mort sans périr —, exaltation du moi dans son aliénation totale en une Totalité (la communauté mondiale) qui en retour n'est que par lui. Cette aspiration au néant peut même prendre la forme vertueuse du mépris des biens matériels, et sous ce rapport les Russes ont une longueur d'avance sur les Occidentaux : « le nihilisme est apparu chez nous parce que nous sommes tous des nihilistes… Quelles alarmes comiques chez nos sages, dans la recherche de l'origine des nihilistes ! Mais ils ne viennent de nulle part : ils ont toujours été avec nous, en nous, parmi nous » (Dostoïevski, *Les Possédés*, carnet inédit publié par Halpérine-Kaminsky, préface à *La Confession de Stavroguine*, cité par Massis, *op. cit.*, p. 108). Ainsi qu'il l'a déjà été fait observer par maints théologiens catholiques, le refus du « *Filioque* » est le refus du consentement de l'Amour à se faire mesurer par le Logos, ainsi le plébiscite de l'irrationnel et du passionnel pris comme critères de l'effectivité du divin, par là le consentement au subjectivisme : la subjectivité déifiée ne saurait se faire mesurer par le magistère de la raison spéculative, parce que cette dernière déploie des catégories et des lois qui en font la raison des choses autant que de la pensée des choses, et c'est pourquoi le subjectivisme, qui répugne par essence à se soumettre à quelque ordre des choses que ce soit, a toujours ravalé la portée de la raison à celle de l'usage pratique (Kant) de la raison, ou de son usage technique et pragmatique (l'empirisme, le positivisme) ; et même le marxisme revendique un tel rabaissement de la raison : Dans *L'Idéologie allemande*, *Thèses sur Feuerbach*, 1846, Éditions sociales, p. 32, 2e thèse, Marx enseigne : « La question de savoir s'il y a lieu de reconnaître à la pensée humaine une vérité objective n'est pas une question théorique, mais une question pratique. C'est dans la pratique qu'il faut que l'homme prouve la vérité, c'est-à-dire la réalité et la puissance de sa pensée dans ce monde et pour notre temps. La discussion sur la réalité ou l'irréalité d'une pensée qui s'isole de la pratique est purement scolastique. » Soit : il n'existe pas de vérité intemporelle, toute vérité n'est que la réponse momentanée à un problème pratique, les problèmes théoriques sont eux-mêmes des problèmes pratiques déguisés. Or toute option théologique (tel le refus du « *Filioque* ») est gravide, pour ceux qui la choisissent, d'une psychologie collective ayant des conséquences culturelles et politiques historiquement repérables. L'Orthodoxie n'est nullement, sous ce rapport, un rempart contre le communisme. Elle peut même servir de caution à une entreprise de radicalisation — collectiviste — du subjectivisme. Et Vladimir Poutine peut bien se payer le luxe, en cultivant la mémoire du passé stalinien de son empire en train de se reconstituer, voire en entretenant subrepticement cette dernière tout en s'en défendant mollement, d'exercer cette ruse suprême consistant à dire la vérité : je feins d'être nostalgique de l'URSS par pur patriotisme, par souci d'assumer tout le passé de mon peuple et d'endormir les divisions internes, et cette feinte destinée à être prise pour telle par les Occidentaux en cache une autre ; je dis la vérité en feignant de feindre, parce que je sais que, là, personne n'osera envisager une hypothèse aussi téméraire que tordue ; je dis la vérité sur le mode d'une feinte grossière, afin, dans un même acte, de rassurer mes ennemis extérieurs et de réveiller dans mon peuple et dans le monde entier le désir inavouable d'un poison mortifère.

Une autre manière de décrire le même phénomène peut être tirée de la remarque suivante d'un auteur contemporain (Frédéric Beigbeder, *Au secours pardon*, Grasset, 2007, p. 106-107) : « Je pense que la majeure partie de vos fidèles russes <le héros s'adresse là à un pope auquel il se confesse> se réfugient en Dieu sans y croire vraiment, juste parce que Dieu est préférable au capitalisme. Ce retour aux sources fournit une réponse toute faite pour éviter de se tourmenter depuis la chute du régime soviétique. L'hédonisme mondialisé mise sur le même principe que le pouvoir stalinien : des menteurs qui s'adressent à des crétins. Mais l'hédonisme est plus vide que le communisme : c'est la première religion pessimiste. Alors Dieu… c'est mieux que le goulag et moins cher qu'une Bentley. Quel étrange siècle… C'était bien la peine de faire la révolution soixante-dix ans pour finir par transformer Moscou en Las Vegas, et retourner à l'église pour confesser nos turpitudes. » On se souvient de ce qui fut bien nommé le « cauchemar athée » de Jean Paul Richter, admirateur de Rousseau et membre de la secte des Illuminés de Bavière ; dans « Un Songe », extrait (traduit par Madame de Staël) du roman *Siebenkäs*, est décrite l'errance d'un Christ sanglant, mort sans avoir ressuscité, cherchant son Père dans les espaces infinis, et proclamant, désespéré, que Dieu n'existe pas. Comprenons là que si Dieu n'existe pas, alors le monde est insensé ; si de surcroît la subjectivité se reconnaît impuissante à lui inventer un sens, alors elle sombre dans le nihilisme destructeur ou passif, lequel aboutit soit au suicide, soit à l'hédonisme (se fuir dans la recherche de plaisirs toujours renouvelés, et de plaisirs *sensibles*, dont le propre est d'éclipser la subjectivité) ; sous ce rapport, le recours à la religion peut servir, à la subjectivité en exigence d'absolutisation, d'instrument destiné à la faire se détacher du nihilisme passif pour la convertir en ce nihilisme actif ou prométhéen à raison duquel la subjectivité se décrète capable d'inventer un sens (gnostico-collectiviste) au monde ; quand la conversion à son acception active du nihilisme est consommée, le recours à la religion devient inutile, et se révèle n'avoir été qu'un recours à l'idée d'un Dieu auquel on ne croyait pas, à un Dieu réduit à une Idée kantienne de la raison pure, à un absolu qui n'était que la projection objectivante du moi subjectiviste en dernier ressort autoproclamé absolu, et seul véritable absolu. La religiosité n'est pas nécessairement un acte véritablement religieux ; elle peut, comme religiosité sans Dieu, exprimer un désir de transcendance sans objet, par là s'exercer comme transcendance dans l'immanence, ainsi comme immanence habilitant la subjectivité à vivre son rapport au monde sur le mode d'une spiritualité mettant en la matière toutes ses complaisances, sans toutefois s'éclipser en elle. La religiosité orthodoxe (tout comme la religion du cœur du déisme rousseauiste), soustraite à la férule latine d'une dogmatique conceptuelle rigoureuse, pourrait bien se révéler telle la ruse privilégiée de la raison matérialiste. Ainsi donc, ni la « spiritualité » de Vladimir Douguine ni le retour de l'Orthodoxie ne peuvent être tenus pour des preuves indubitables de l'abandon, par Vladimir Poutine, d'un projet communiste à long terme et pour le monde. Ce qui ne signifie pas — répétons-le — que tel serait, sans conteste, le projet réel de Poutine ; il ne s'agit là que d'une hypothèse, mais elle est, quel que soit son degré de probabilité, trop lourde de conséquences tragiques pour que l'on puisse se dispenser de l'envisager.

TABLE DES MATIERES

www.ingramcontent.com/pod-product-compliance
Lightning Source LLC
LaVergne TN
LVHW050620200726
843508LV00010B/1929